CINE DE ZOMBIS
... y otros muertos vivientes

© ADOLFO PÉREZ AGUSTÍ (2016)
ediciones masters@gmail.com

ISBN: 9781511409490

Nota:
Las fotografías de este libro, que pertenecen a sus respectivas productoras y forman parte de su material publicitario, se han incorporado como un apoyo imprescindible al texto.

CINE DE ZOMBIS

... y otros muertos vivientes

Adolfo P. Agustí

Son los seres más espantosos creados por la imaginación humana y los únicos que a pesar de su fealdad gozan de millones de admiradores en todo el mundo. Se parecen a los humanos y dicen que antes lo fueron, pero ahora son horribles, y solamente quieren nuestro cerebro, nuestras vísceras y que seamos igual a ellos; en ese momento ya nos dejan en paz. Aparentemente carismáticos, tanto que resulta imposible dejar de mirarlos cuando avanzan amenazadores hacia nosotros, los zombis compiten favorablemente contra el resto de los monstruos del cine.

Son tan terroríficos que ni siquiera aparecen en nuestros sueños más espantosos, y aunque las leyendas populares les suelen definir con bastante precisión, al menos en cuanto a su capacidad para devorar, descuartizar y, en suma, matar a los infelices humanos que se ponen por delante, solamente el cine ha sido capaz de hacerles realidad.

Los zombis poseen un aspecto tan desquiciado como su comportamiento, siendo casi imposible encontrar entre ellos a alguien seductor. Y aunque dicen que sobre gustos (y disgustos) o hay nada escrito, resulta difícil encontrar a un bello ejemplar en ese muerto viviente que avanza hacia nosotros con los ojos fuera de sus órbitas pidiendo morder un cerebro fresco.

Decididamente maliciosos y con deseos de introducirse literalmente en nuestras casas y devorarnos incluso aunque estemos plácidamente durmiendo, estos monstruos creados por la imaginación de escritores y guionistas de mente fértil, suelen ser muy torpes, por lo que huir de ellos solamente es cuestión de tener buenas piernas, salvo que antes nos las hayan cortado con un oxidado machete. Bueno, eso eran los de antes, porque ahora las nuevas historias nos muestran a unos muertos vivientes veloces y hasta con habilidad para disparar un fusil. Así no hay manera de evitarlos. Por ello, y por si acaso los encontramos un día en cualquier esquina, vamos a repasar ahora aquellos que ya figuran en todas las buenas galerías del terror, esencialmente las que se pueden ver cuando estamos cómodamente sentados y protegidos en la sala de un cine.

*"La emoción más antigua
y más intensa
de la Humanidad
es el miedo,
y el más antiguo
y más intenso de los miedos
es el miedo
a lo desconocido"*

Howard Phillips Lovecraft

CINE DE ZOMBIS

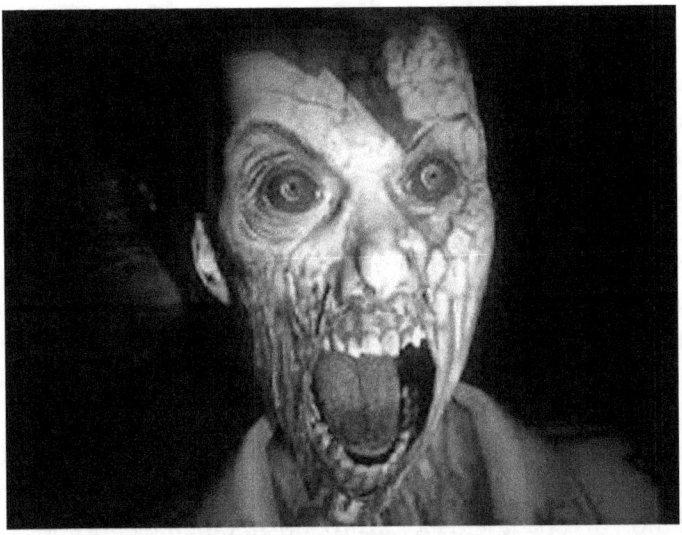

De entre las muchas criaturas con aspecto horrible, algunas solamente presentes en las leyendas y la imaginación popular, los zombis son las de más reciente implantación, siendo infrecuente encontrar referencias de ellos en la literatura anterior al siglo XX. Por lo que sabemos, un zombi es físicamente similar a un ser humano normal (bien, algo más deforme, lo reconozco), pero completamente desprovisto de inteligencia, educación y sentido de la decencia; lo mismo le da comer a una ancianita que a una guapa chica mientras se ducha. Anteriormente podían haber sido incluso Testigos de Jehová, o abogados sagaces, e incluso seguro que muchos fueron en sus años gloriosos bellas señoritas de pechos al alza. Sin embargo, cuando cayeron desgracia al ser mordidos por otro zombi, su mente se dislocó tanto como sus andares, y así no hay manera de darles un abrazo para que entren en razón.

El zombi es un no-muerto con aspecto humano, pero cuyo cerebro solamente sigue las órdenes de su instinto y en ocasiones de su amo. Sedientos de comer carne humana viva, caminan lentamente por las ciudades en busca de un vivo con el que calmar su hambre insaciable, siendo inmunes a los golpes y a las balas, por lo que solamente se les puede matar quemándoles, cortándoles la cabeza o tirándoles sal a los ojos (sobre esto último no estoy seguro).

Una referencia muy interesante sobre su existencia procede de la Biblia, al menos si interpretamos literalmente esa frase que dice: "Tomad y comed, ésta es mi carne; tomad y beber, ésta es mi sangre", atribuida inicialmente a Jesús durante la última cena. Bien, por si hay quien nos llama sacrílegos por este razonamiento, le podemos preguntar la razón por la cual Jesús fue el único que volvió de entre los muertos y también el único que consiguió volver a la vida a Lázaro, posiblemente el primer zombi de la historia.

Conjeturas aparte, ahora la gente emplea la palabra zombi más acertadamente, pues se dice de quien anda como dormido, aunque en Haití se sigue empleando para aquellos que se creen ser muertos vivientes y para los niños que mueren antes de ser bautizados. No obstante, el miedo a que los muertos salgan de sus tumbas vistiendo sus harapos y mortajas sigue presente, y hay pocas personas que se atrevan a entrar solas de noche y con luna llena en un cementerio. Solamente el alcohol y la compañía de otras personas, les infunde el valor necesario para hacerlo. Especialmente peligroso es hacerlo durante el día de los difuntos o en Halloween, pues dicen que quien se encuentre con un zombi y le mire a los ojos, se convertirá inmediatamente en otro muerto viviente.

Lo cierto es que la medicina posee numerosos ejemplos de personas muertas que han recobrado la vida inesperadamente e incluso cuando estaban ya en su ataúd, lo que demuestra que el concepto zombi no es producto de la fantasía. Numerosas drogas producen un efecto de catalepsia, y en la India es frecuente que se empleen para someter a los disidentes o para enterrar con vida a los parientes de un difunto poderoso. También hay quien asegura que ese fue el método empleado para traer a la mayoría de los esclavos africanos a Europa y América, especialmente a los más fuertes y rebeldes.

La técnica herbaria que se emplea para convertir a un vivo en un zombi es la siguiente: se mezclan varias plantas alucinógenas (opio, digital, etc.) en dosis suficientes como para inducir a un estado letárgico al infeliz, además de un pez que solamente vive en aguas de Hawái y una flor de datura (estramonio) pulverizada, adquiriendo en ese momento el nombre de polvo de *concobre*. Esa poción es suficiente para dejar a la persona dormida profundamente durante varias horas, y cuando se despierte se encontrará con un estado mental de profunda confusión y docilidad. Con el paso de los días la víctima perderá el pelo, el apetito, se quedará pálida como un muerto y su metabolismo será tan bajo que su piel estará fría. Pronto dejará de respirar y será considerado como muerto y por tanto enterrado. Si todo está debidamente planeado, el ataúd será lo suficientemente grande como para que pueda respirar cuando sus pulmones comiencen a moverse de nuevo, lo que sucede después de cuatro o cinco días. Cuando se despierte, y si hay alguien que se encargue de abrir el ataúd, se levantará con un aspecto similar a cuando había muerto, aunque con la mortaja aún en su cara.
Esto es lo que se dice, pero ahora sabemos que las personas que fueron enterradas bajo los efectos del *concobre* oían lo que

sucedía a su alrededor, pero no podían moverse ni articular palabra. Ellos recuerdan los lloros de los familiares, los martillazos cerrando el ataúd y hasta la tierra cuando se les enterraba en el cementerio. Lógicamente, esa experiencia tan aterradora les desequilibraba y cuando les sacaban su aspecto era horripilante y sobrecogedor. Pero un nuevo problema aparecía días después, cuando esa persona conseguía recobrar sus facultades, pues sus deseos de venganza eran tan intensos que no se paraba ante nada ni nadie. Si a su lado estaba alguien muy sagaz, le decía quién era el culpable de su estado, siempre un inocente, y así lograba que el zombi quitara de en medio a un enemigo.

Variedades de zombis

Hay tres tipos diferentes de zombis, pero aunque todos ellos conservan ciertas cualidades humanas, siempre les falta algo crucial, siendo diferente en cada caso.

- *Zombis de Hollywood.* Éstos se encuentran en películas de serie B y el rasgo que les define es que están muertos, pero "reanimados", y son aficionados a la carne humana. Hay quien asegura que el nombre debe ser "zombis de Pittsburg", pues las películas de zombis más importantes se hicieron en esa ciudad.
- *Zombis haitianos.* Pertenecen a la brujería o vudú de la tradición haitiana. Parece ser que carecen de pensamiento libre, y quizá incluso no poseen alma porque emigró hace tiempo. Los zombis haitianos fueron anteriormente personas normales, pero sufrieron una transformación a causa de unas drogas o hechizos, siendo usados posteriormente como esclavos.
- *Zombis filosóficos.* Éstos se encuentran en algunos escritos del Egipto antiguo, refiriéndose a ellos como espíritus encarnados

inadecuadamente, por lo que carecen de conciencia, aunque su aspecto exterior es como un humano vivo.

Estas tres clases diferenciadas no se mezclan entre sí, pues los zombis de Hollywood y los haitianos no son zombis filosóficos ya que tienen deteriorada la conciencia, aunque comparten algunas características como su aspecto externo. Igualmente, los zombis filosóficos y haitianos no son zombis hollywoodenses, ya que no comen carne y están discutiblemente vivos, aunque hay quien sostiene que los haitianos están muertos. En definitiva, a los zombis filosóficos y hollywoodenses les falta el raciocinio, por lo que podría ser que estos últimos sean una versión de los haitianos.

La mayoría de las personas dudan que los zombis puedan existir en el mundo real, pero por lo menos admiten que la idea no es descabellada. Científicamente podríamos considerar la posibilidad de su existencia bajo un punto de vista funcional, un sistema no-consciente físicamente y diferente a los humanos pero funcionalmente isomórfico, esto es, misma estructura molecular e igual forma cristalina. Por ejemplo, un sistema basado en el silicio en lugar de neuronas. Algunos van más allá e insisten en que los zombis funcionales incluso podrían existir en el mundo real y sugieren que puedan tener algunas funciones mentales.

GEORGE Andrew ROMERO
Grande entre los no-muertos

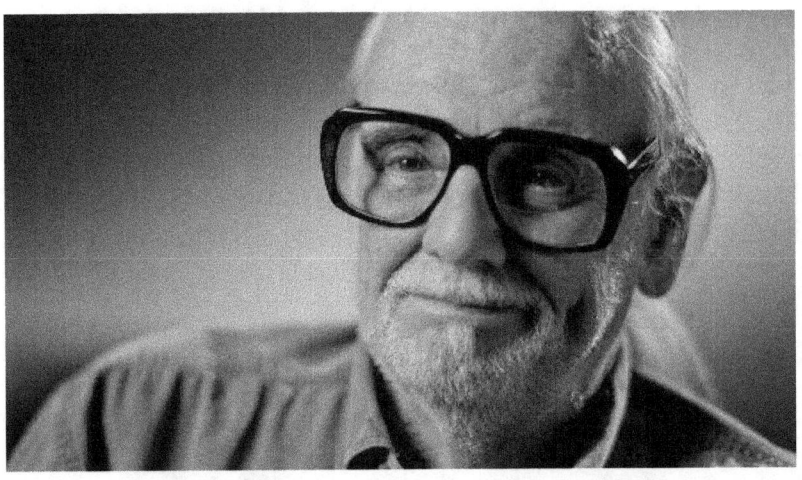

Nacido en el Bronx (Nueva York), el 4 de febrero de 1940, Romero empezó haciendo sus primeras películas en 8 mm mientras era todavía un adolescente. Estudiante de pintura y teatro, se graduó en el Instituto Carnegie-Mellon en Pittsburg, además de conseguir la licenciatura en Filosofía y Letras. En esta misma ciudad fundó la compañía Latent Image, con el fin de producir películas industriales y anuncios para la televisión. En 1967 se asoció con otro productor de la misma ciudad para crear la Hardman Associates, una productora de películas de terror de bajo presupuesto que esperaba le servirían para afianzarse en la industria cinematográfica. Su logro más sobresaliente fue *La noche de los muertos vivientes* (Night of the Living Dead), filmada con poco más de cien mil dólares y en blanco y negro, pero que logró convertirse en un clásico indiscutible del terror y del cine independiente en general.

Con una historia simple en la cual los muertos salen de sus tumbas sin ninguna explicación científica, y con un reducido grupo de personas refugiadas en una casa para resistir el ataque de los zombis, las escenas de terror asombraron a los espectadores.

Romero detesta ser etiquetado como un director de cine con mensaje, pero aunque lo niegue sus filmes tienen mensajes, y es difícil creer que esas señales tan claras no obedezcan a una planificación. *La noche de los muertos vivientes*, como la mayoría de sus películas, tiene un mensaje amargo, cínico, en donde se demuestra que personas aparentemente insignificantes logran sobrevivir mejor que otras supuestamente poderosas o triunfantes.

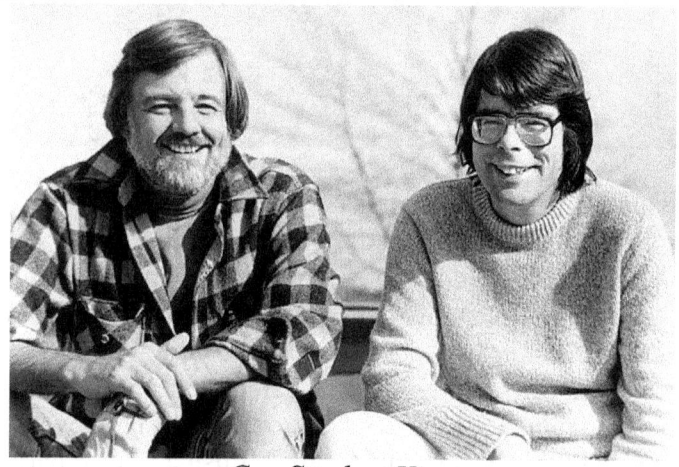

Con Stephen King

Después del éxito de la película (aunque parece ser que no ganó apenas nada de dinero), realizó "Theres always Vanilla" y "Season of the Witch" en 1972 y 1973 respectivamente, dos películas que posiblemente ni siquiera fueron estrenadas. También realizó en 1973 "Contaminator" (The Crazies) una película mediocre sobre los efectos de un envenenamiento químico en un pequeño pueblo de Pensilvania, que tampoco funcionó económicamente.

En 1978, 10 años después de *Night of the Living Dead*, Romero volvía con nuevos bríos con el filme *Martin*, una buena película de vampiros repleta de sangre y vísceras, continuando con la magnífica *Zombi* (Dawn of the Dead), la segunda entrega de la saga de los muertos vivientes, con una buena producción y una crítica social añadida.

Con *Day of the dead* (1985) Romero quiso ir más lejos, e intentó producir una epopeya del mundo zombi, en donde las personas supervivientes se plantearan la necesidad de destruir al verdadero zombi, el ser humano. Pero esta visión apocalíptica no fue bien acogida, y sus sueños de gloria se apagaron con rapidez. Nadie quería volver a invertir dinero en un proyecto de Romero, pasando paradójicamente a ser considerado un director de culto.

Hay quien asegura que siempre habrá una nueva entrega de esta saga zombi, pero esto lo llevamos oyendo desde hace años, así que mucho me temo que en algún momento querrá dejar de ser el líder del cine de terror. No obstante, esa afición que tiene a revivir a los muertos quizá sea su motivación personal para repetirse.

De momento, no se olviden de localizar en DVD una película llamada *Bruiser* (2001), que fue estrenada en el festival de Cannes.

De Romero también recordamos "Knightriders" (1981), sobre unos guerreros medievales en motocicletas llegados en una máquina del tiempo, así como la interesante "Creepshow" (1982), que tuvo una secuela cuyo guion también le pertenece. Paradójicamente, la parodia *The return of the Living Dead* (1985), basada en sus películas, y que toma muchos de los detalles de ellas, consiguió un triunfo mayor que *Day of the dead*. Tampoco lograron éxito "Monkey shines" de 1988 y "The dark Alf" de 1993, ambas cintas correctas, pero no que consiguieron afianzar la fama que tenía en el cine de terror. Ello le condujo a la triste situación de no rodar ningún filme durante los siguientes ocho años, siendo su proyecto más frustrado la adaptación a la gran pantalla del juego *Resident Evil*, el cual consideraba como un plagio de sus películas. También fue entrevistado para dirigir la nueva versión de "La Momia", debiendo de conformarse con el filme *Bruiser* que ni siquiera se estrenó en la pantalla grande. Finalmente, hay quien asegura que podremos asistir a su vuelta gloriosa al cine con su adaptación de la novela de Stephen King "The Girl who Loved Tom Gordon".

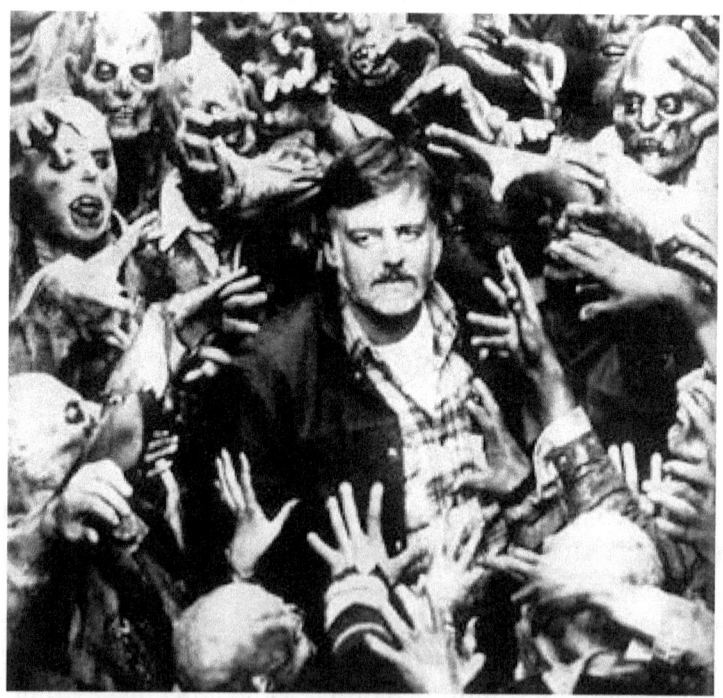

Rodeado de sus "amigos" más entrañables

Tras el estreno de la serie The Walking Dead, Romero recibió ofertas de los productores para dirigir un episodio, pero no aceptó. Según sus propias palabras: "dije que no, porque esos zombis no me pertenecen, no son idea mía". En octubre de 2011 Romero reveló estar trabajando en una adaptación del libro *The Zombi Autopsies de Steven Schlozman*.

En enero de 2014 Marvel comenzó a publicar un cómic titulado *Empire of the Dead*, escrito por Romero e ilustrado por Alex Maleev. La serie consta de 15 números, y su historia está ambientada en la ciudad de Nueva York, en ese momento bajo cuarentena debido al ataque de los zombis. Además de estas criaturas, el cómic también muestra vampiros. Romero escogió llevar esta historia al cómic porque este medio le permitía plasmar la historia en una escala mayor que una película. Es posible que no esté al tanto de los avances en tecnología digital que permite recrear todo aquello que la imaginación cree posible.

Filmografía esencial

Nigth of the living dead (1968)
Day of the dead (1985)
Martin (1978)
Dawn of the dead (1978)
Code name Trixie (1973)
Creepshow (1982)
Monkey shines (1988)
The dark Alf (1993)
Two evil eyes (1990)
Bruiser (2000)
La tierra de los muertos (2005)
Diary of the Dead (2007)
Survival of the Dead (2009)

PELÍCULAS DE ZOMBIS

ME CASÉ CON UN ZOMBI
I Walked with a Zombi (1943)

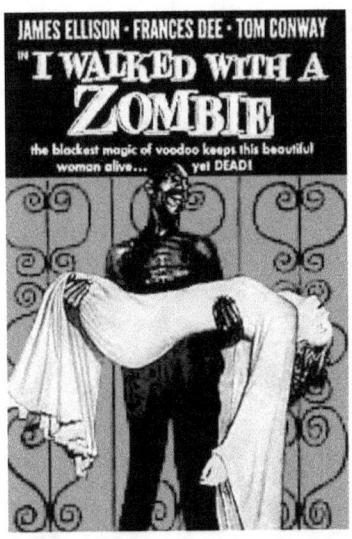

Director: Jacques Tourneur
Guion: Charlotte Bronte
Basado en la novela de: Jane Eyre

Intérpretes:
JAMES ELLISON: Wesley
FRANCES DEE: Betsy
TOM CONWAY: Tom

La bella Betsy Connell es una enfermera contratada para cuidar a Jessica, la esposa inválida de Paul, el dueño de una plantación de azúcar en la isla de San Sebastián en el Caribe oriental. Oficialmente, la enfermedad que padece Jessica es el resultado de una fiebre tropical rara, tan feroz que quemó su sistema nervioso y la dejó sin mente. Los nativos de la isla, sin embargo, creen que su estado es el resultado de una maldición de brujería, y que ella se ha transformado en un zombi, ni viviente ni muerto. Después de unos días, Betsy se da cuenta que la historia es mucho más complicada de lo que ella había imaginado.

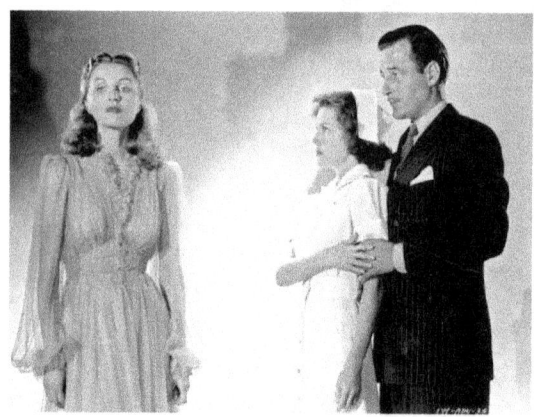

Uno de los mayores méritos del filme es el guion, específicamente el magnífico diálogo. También es muy acertado el uso de las luces y sombras por parte de Jacques Tourneur, siendo capaz de recrear con efectividad la atmósfera de terror, lo mismo que ocurre con los decorados de estilo gótico. El sonido también se usa con efectividad para agudizar el efecto sombrío de las noches, con los tambores de los nativos retumbando, creando entre todos estos elementos un ambiente intenso en esta historia ambientada en tierras del Caribe.

LA NOCHE DE LOS MUERTOS VIVIENTES
Night of the living dead (1968)

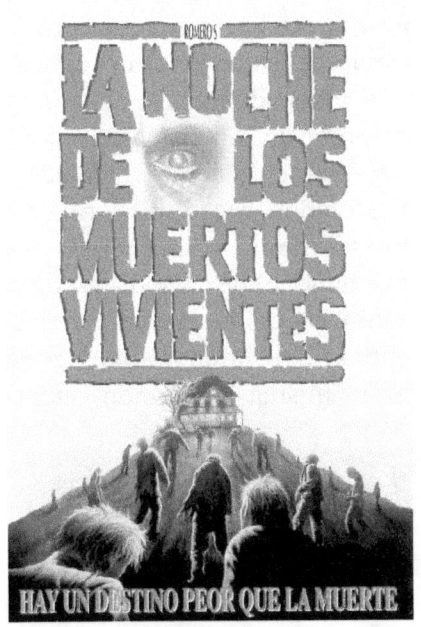

Productor: Russell Streiner y Karl Hardman
Director: George Romero
Guion: John A. Russo
Basada en la historia de: Romero
Fotografía: George Romero
Efectos especiales: Regis Survinski y Tony Pantanello

Intérpretes:
JUDITH O´DEA: Bárbara
DUAN JONES: Ben
KEITH WAYNE: Johnny.

KARL HARDMAN: Harry Cooper
KEITH WAYNE: Tom
JUDITH RIDLEY: Judy

La película que lanzó a la fama a su director y le convirtió, de la noche a la mañana, en uno de los mejores realizadores del cine de terror. Con un sorpresivo argumento, el uso inteligente del blanco y negro, actores desconocidos, y una música apenas perceptible, esta obra de Romero es ya un clásico en el género. El ambiente claustrofóbico se contagia al espectador desde los primeros instantes, haciéndole víctima virtual de los acontecimientos insólitos. El mismo director realizó, aunque fue dirigida por otro, 22 años después una nueva versión en color, bastante fiel al original, que ya no tuvo apenas repercusión entre los aficionados, a pesar de estar hecha con casi la misma corrección que la primera.

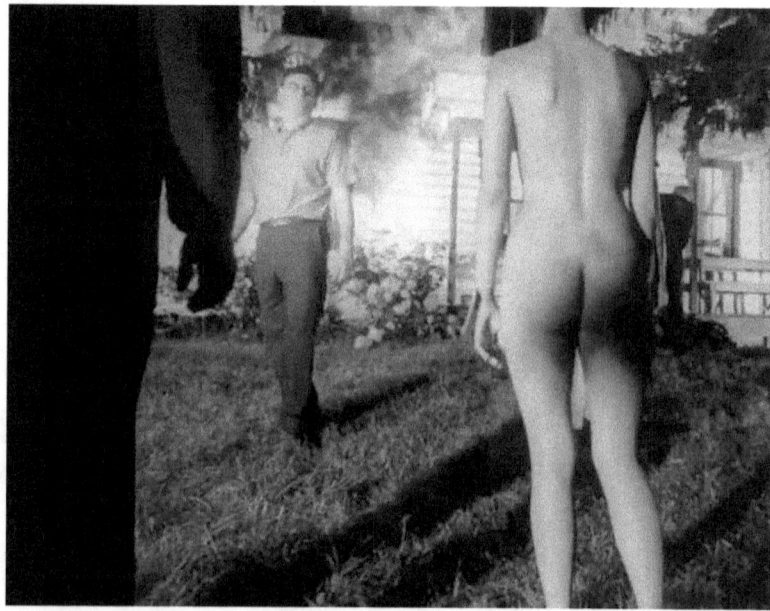

La historia comienza bruscamente, con Bárbara y su hermano Johnny siendo atacados por un hombre extraño mientras visitaban la tumba de su padre en un cementerio remoto. Ella consigue librarse y huye a una granja abandonada, encontrándose con Ben, a quien también le han perseguido esos extraños seres. Pronto organizan la defensa y fortifican la casa clavando tablas encima de las puertas y ventanas, aunque Bárbara no participa por haber perdido el juicio a causa del susto.

Mientras trabaja, Ben explica que la mayoría de los pueblos cercanos están infectados por esos maníacos, y muchas personas han sido asesinadas por ellos. Después de afianzar la puerta y el suelo, descubren que un grupo de personas estaban ocultas desde el principio en el sótano, dirigidas por un hombre llamado Harry Cooper. Allí están también su esposa Helen Cooper y una pareja de adolescentes, Tom y Judy, a quien ya han mordido las criaturas. Ella pronto se transformará en un nuevo muerto-viviente, algo que obligará a sacrificarla para impedir nuevos contagios.

Las noticias de la televisión anuncian que las personas asesinas no son locos, sino muertos que han regresado a la vida para comer carne humana con la cual vivir. Encerrados en esa casa, los miembros de ese pequeño grupo se preparan para sobrevivir.

NO PROFANAR EL SUEÑO DE LOS MUERTOS (1974)

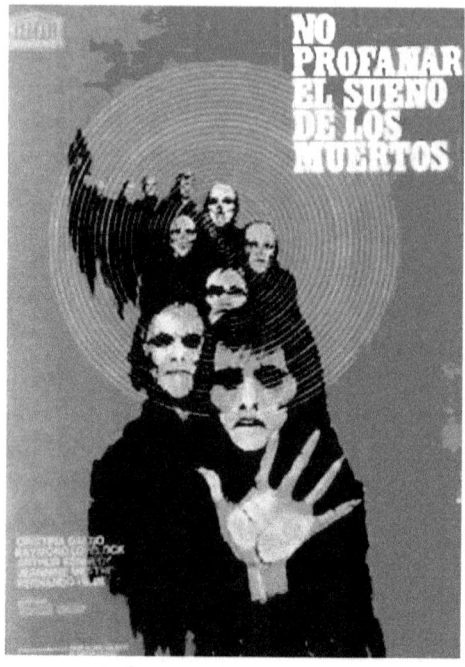

Director: Jorge Grau
Guion: Sandro Continenza, Marcello Coscia
Efectos especiales: Gianetto De Rossi, Luciano Bird

Intérpretes:
RAY LOVELOCK: George
CRISTINA GALBÓ: Edna
ARTHUR KENNEDY
ALDO MASSASSO

Las escenas de apertura de este filme, mostrando un muerto viviente en el depósito de cadáveres de Manchester, pusieron el tono adecuado para esta película de zombis. George busca antigüedades para llevarlas a una fiesta, al mismo tiempo que una melodía inquietante le acompaña mientras viaja en motocicleta a través de las calles de la ciudad. Jorge Grau nos muestra entonces con cierto detalle la suciedad ambiental en una ciudad muerta, con las personas moviéndose como robots, enlazando con la visión de George detenido ante un semáforo con su luz roja, momento en que una mujer desnuda corre en dirección a su trágico destino.

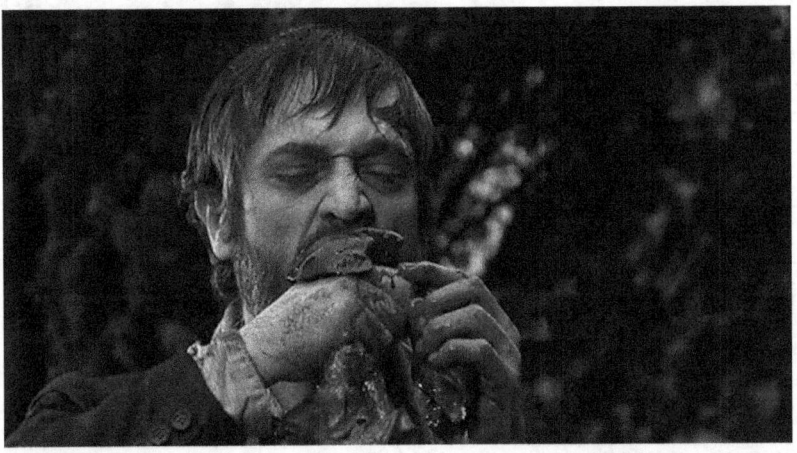

Después le vemos ya fuera de la ciudad, en dirección al campo, haciendo un alto en su camino al ver a una mujer llamada Edna que está repostando en su pequeño vehículo. Le pide que le lleve para alejarse de esa ciudad muerta, aunque las sombras del anochecer les hacen perderse y llegan hasta una granja abandonada. Allí se dan cuenta de que los muertos vivientes están siendo exterminados por una máquina agrícola experimental que emite una extraña radiación ultrasónica.

En ese momento Edna es atacada por un zombi, comenzando entonces una desenfrenada carrera para no ser devorados por esos engendros hambrientos de carne.

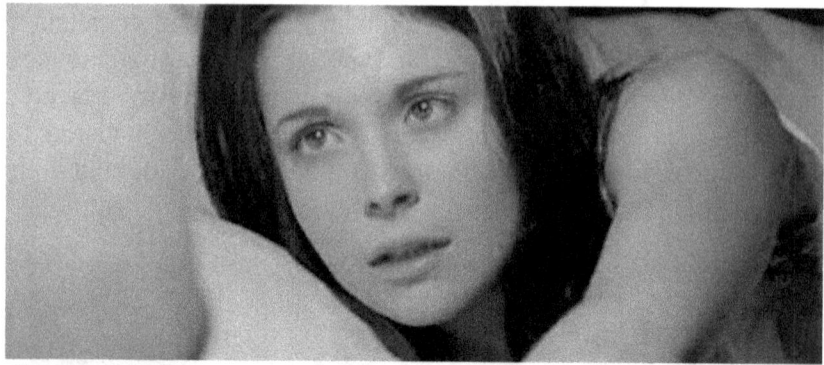

Cristina Galbó

Jorge Grau consiguió cierto renombre internacional por este filme, y posteriormente se especializó en el cine de terror.

El argumento que nos muestra tiene tintes ecológicos, ya que nos avisa de los peligros de manipular la naturaleza.

Disponiendo de un presupuesto mínimo y aunque se inspira sin rubor en *La noche de los muertos vivientes*, la correcta actuación de los protagonistas, en especial Cristina Galbó y Arthur Kennedy, logran proporcionar una más que meritoria obra que, sin embargo, no consiguió la trascendencia que se merecía.

LA VENGANZA DE LOS ZOMBIS
Sugar Hill (1974)

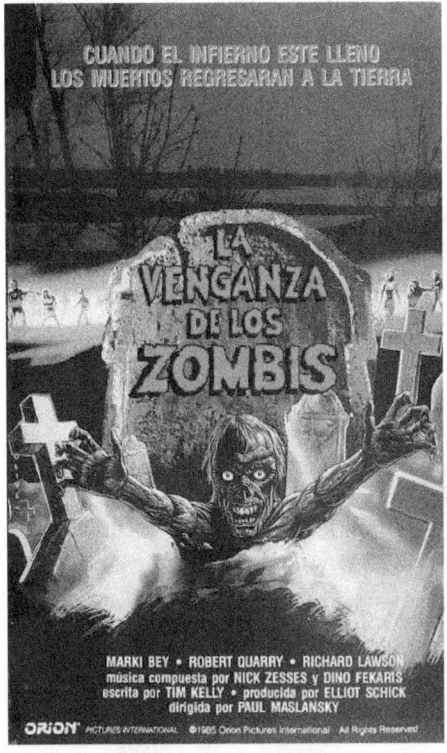

Director: Paul Maslansky
Guion: Tim Kelly

Intérpretes:
MARKI BEY: Sugar
DON PEDRO COLLEY: Barón Samedi
ROBERT QUARRY: Morgan

25

El dueño de un night club de moda es asesinado a palos por los hombres de Morgan, un gánster local, al negarse a venderle su próspero negocio. Su novia, Sugar Hill, fotógrafa de modelos, desconfiando del trabajo de la policía, emprende su propia venganza contra los gánsteres contactando con una vieja sacerdotisa vudú, quien invocará al barón Samedi, un semidiós que levantará una horda de esclavos muertos para ejecutar las órdenes de Sugar.

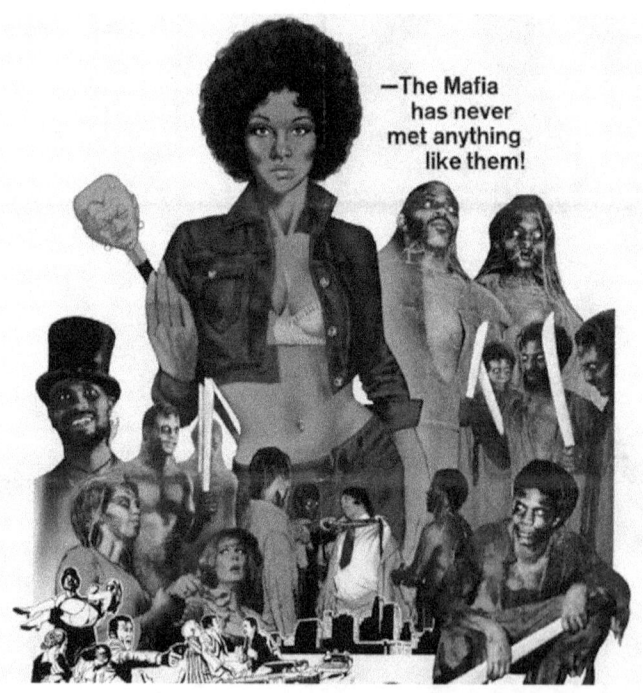

Nos encontramos ante una mezcla rara de varios temas de horror, y aunque no excesivamente bien cuidada nos proporcionan algunas escenas interesantes con los zombis en los cementerios sedientos de venganza. Quien les conduce es precisamente la novia del asesinado, aunque para lograr su control previamente ha debido vender su alma. Después nos muestran uno por uno todos los asesinatos, con lo cual tenemos ya una película de acción, con carreras y muchos disparos. Cuando todo parece enfriarse nos sacan escenas de humor, además de una música tradicional de los años 70.

ZOMBI
Dawn of the dead (1978)

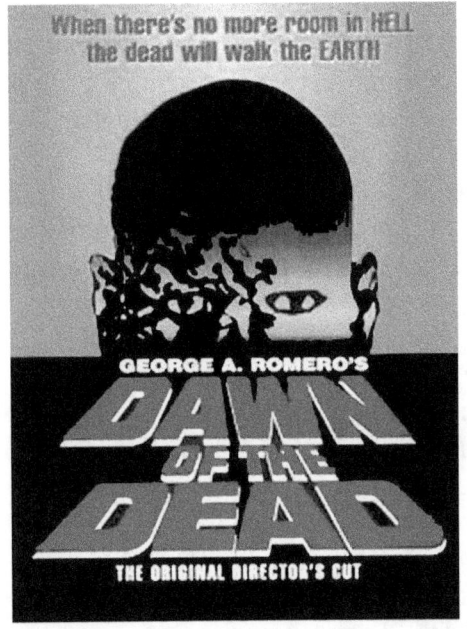

Director: George A. Romero
Guion: George Romero
Música: Darío Argento
Efectos especiales: Tom Savini

Intérpretes:
DAVID EMGE: Stephen
KEN FOREE: Peter
SCOTT REINIGER: Roger
GAYLEN ROSS: Francine
GEORGE ROMERO: director de televisión

Mientras nos van mostrando unos cataclismos mundiales apenas explicados, un grupo compuesto de cuatro personas, dos militares, un piloto del helicóptero, y su novia reportera de televisión, se refugian en un centro comercial abandonado. La tierra está ya dominada por los zombis, engendros en otro tiempo guapos humanos, que necesitan comer carne viva para apaciguar sus dolores.

Cuando George Romero realizó *La noche de los muertos vivientes*, nadie podría predecir el efecto que ocasionaría en la historia del cine de terror. La película presentó al público un grado de violencia gráfica nunca antes visto, pero ese mismo terror marcó para siempre una línea difícil de superar. Por ello, y aunque la película tuvo un gran éxito tratándose de una producción independiente, los productores no vieron entonces el potencial disponible. Romero apenas consiguió entonces ganar un dinero digno y no pudo asumir las funciones de productor, dejando casi el camino marcado para que se aprovechasen otros directores. Para consolidar su reputación decidió realizar una película más ambiciosa, y contó con la ayuda financiera de Darío Argento, un director italiano que también ejercía como músico y guionista. La colaboración sería una obra incluso mejor que la anterior, en color para visualizar la sangre sin problemas, y con unos actores igualmente correctos. *Zombi* es tan eficaz como simple, y ahora completamente familiar, que funciona sin disponer de un argumento adecuado.

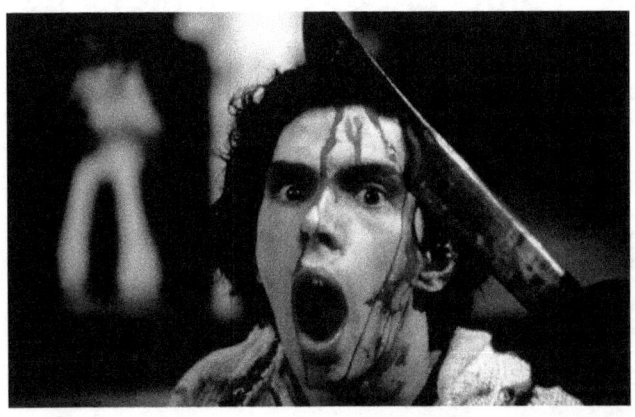

Con las habituales secuencias de destripamiento humano, cabezas desplazadas, y los zombis comiendo de modo repugnante, *Zombi* fue entonces la película americana más sangrienta de todos los tiempos. Tanto fue así, que cuando se estrenó en Estados Unidos se le cortaron algunas escenas para no ser clasificada como X, aunque esto no le impidió ser un gran éxito tanto en América como en el extranjero. La película fue clasificada por el crítico Roger Ebert como "El mejor filme de terror de todos los tiempos", entrando a formar parte de los clásicos, considerándose también como una de sátiras sociales más afiladas de la década, especialmente por cómo nos muestran las ansias del consumidor habitual y su alegría cuando se halla en un gran supermercado.

Cuando el filme se estrenó en Europa disponía de 117 minutos (3 menos que en América), además de estar revisada por Darío Argento, quien mejoró los efectos sonoros. Al año siguiente, Lucio Fulci, también experto en películas de terror, realizó *Zombi 2*, la cual fue estrenada en Estados Unidos como *Zombi*, convirtiéndose en un nuevo éxito que consolidó la relación zombi/caníbal en los años 80 y permitió que Lucio Fulci fuera mencionado como un icono en el cine de terror.

NUEVA YORK BAJO EL TERROR DE LOS ZOMBIES
Zombi 2 (1979)

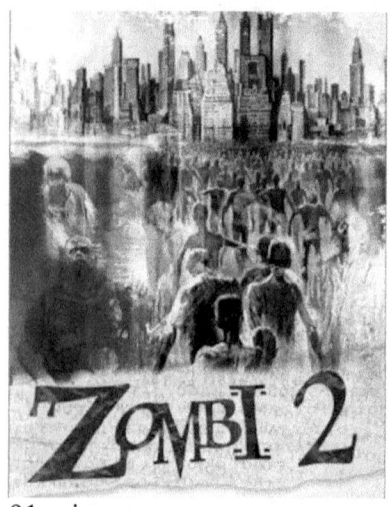

91 min

Director: Lucio Fulci
Guión: Elisa Briganti

Intérpretes:
Tisa Farrow
Ian McCulloch
Richard Johnson

A Nueva York arriba un barco a la deriva y cuando llega la policía descubren que en el interior del barco se alberga un zombie con mucha hambre, nadie más. A partir de ese momento la hija del dueño del barco, con la ayuda de un periodista, buscará a su padre que se encuentra en una isla plagada de zombies. Cuando regresan a Nueva York, la ciudad está plagada de zombis, desde Manhattan a Brooklyn, y solamente les queda rezar o correr, pero el director no nos mostró su opción.

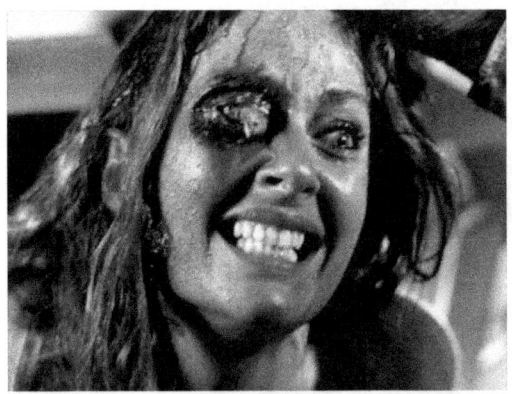

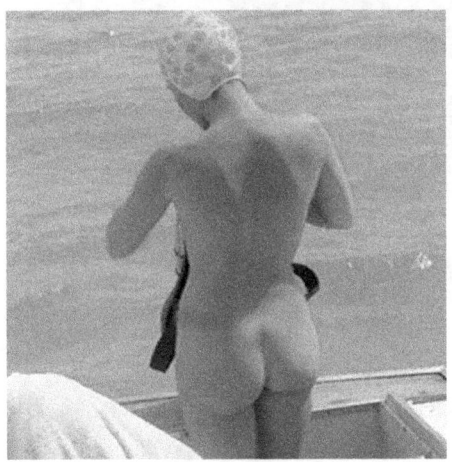

Esta película italiana tuvo cierto éxito y eso que plagia reiteradamente las ideas de Romero. Los espectadores dijeron que hubo dos escenas memorables, pero no sabemos a cuál de las dos se referían, si a la que les muestro arriba o la de abajo.

HOLOCAUSTO CANÍBAL
Cannibal Holocaust (1979)

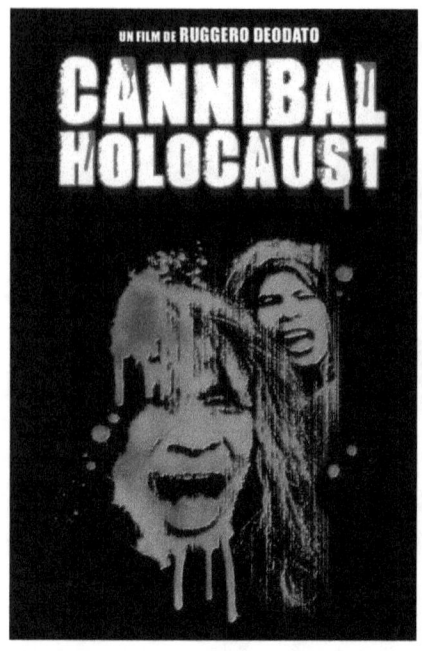

Director: Ruggero Deodato
Guion: Gianfranco Clerici

Intérpretes:
ROBERT KERMAN: Monroe
FRANCESCA CIARDI: Faye
PERRY PIRKANEN: Alan
LUCA BARBARESCHI: Mark
SALVATORE BASILE: Chako

Dicen que un grupo de periodistas estadounidenses compuesto por tres hombres y una mujer viajaron hasta el Amazonas para realizar un reportaje sobre los nativos, aunque nunca volvieron. En su busca partieron otros periodistas y allí les proporcionaron un vídeo en el cual estaba la irrefutable prueba de los sucesos acaecidos. Lo que ven les horroriza, pues uno de ellos ha violado, torturado y asesinado a numerosos nativos, incluso ha sacrificado a sus amigos, su novia y su propia vida para lograr una historia sensacional.

Esta cinta fue posteriormente utilizada en una película que se estrenó bajo el título de *Holocausto caníbal*, intentando que el público se creyera que todas las imágenes eran reales. Indudablemente no era así, pero entre la propaganda y las escenas crueles, el éxito comercial estuvo asegurado.

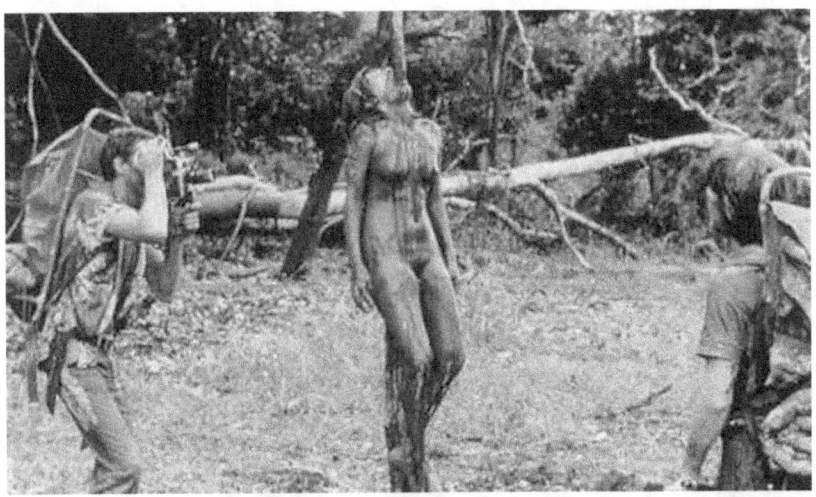

Filmada con la cámara al hombro, la abundancia de desnudos, sangre, violaciones y torturas, se mostraron al espectador ávido de emociones fuertes, de modo parecido a como posteriormente se hizo con "El proyecto de la bruja de Blair". Aunque el periodista que supuestamente grabó los hechos murió torturado y devorado, no aclaran quién filmó su propia muerte, por lo que tenemos que deducir que fue uno de los caníbales, quizá su alumno más aventajado. A estas alturas, seguramente el lector sabrá que en el cine todo es posible.

MUERTOS Y ENTERRADOS
Dead and buried (1980)

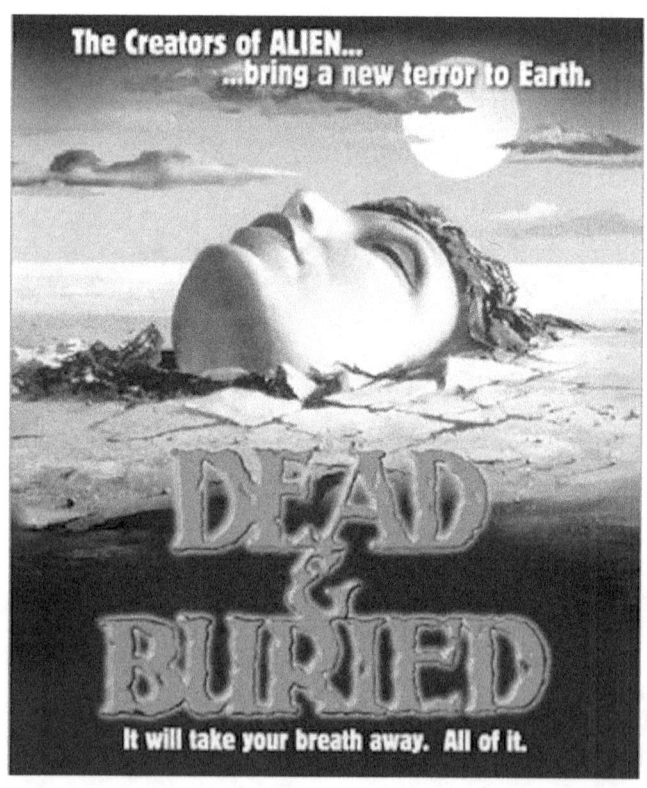

Director: Gary Sherman
Productor: Ronald Shusett, Robert Fentress
Guion: Ronald Shusett, Dan O'Bannon
Basada en la historia de: Jeff Millar, Alex Stern
Efectos especiales: Stan Winston

Intérpretes:
JAMES FARENTINO: Dan
MELODY ANDERSON: Janet
JACK ALBERTSON. Dobbs
ROBERT ENGLUND: Harry

Un día, el fotógrafo del St., Louis va a una playa localizada en un pueblo pequeño llamado Potter's Bluff. Él prepara su cámara para hacer el reportaje, desviando su atención cuando observa corriendo a una guapa y sexy chica llamada Lisa. Saca algunas fotos de ella, más que nada porque la chica se desabrocha la blusa mientras le dice que le quiere. Vale, una oportunidad así no hay varón que la desperdicie, pero las cosas no acaban como esperaba porque es rodeado por un grupo de personas que previamente le habían fotografiado. Su macabro destino está sellado.

Después vemos a un automóvil en llamas, y cuando la policía llega a investigar todos parecen involucrados en el asesinato del conductor, incluso el dueño de la funeraria, un personaje muy extraño. El muerto es el infeliz fotógrafo a quien una guapa chica le había puesto dos pechos en sus narices la noche anterior, pero esta muerte está ya unida a otras muchas.

35

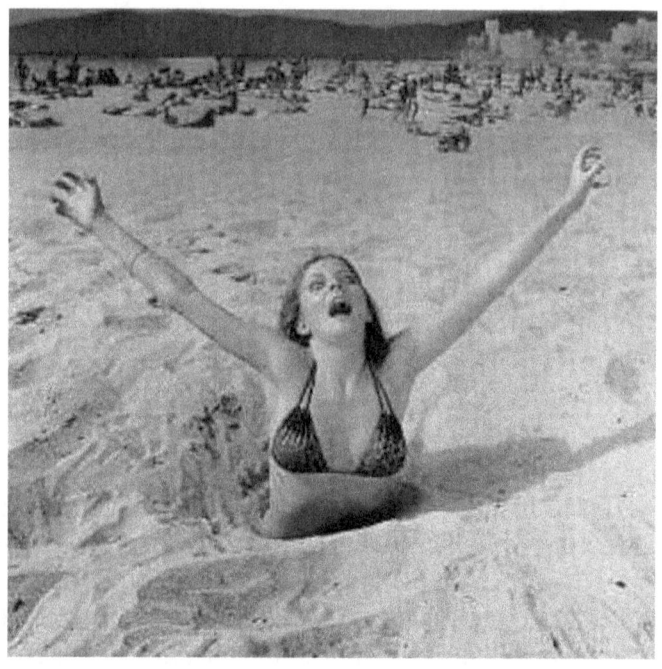

Con un arranque extraordinario, aunque quizá demasiado sangriento y despiadado, la película transcurre sin dar respiro al espectador, hasta que se produce el sorprendente final que no le contaremos por si aún no la han visto. Para muchos, este filme es una buena película de culto que desgraciadamente fue pasada por alto durante su estreno en los años 80.

Apenas finalizado el rodaje murió el actor Jack Albertson, quien ni siquiera pudo ver el filme totalmente montado, lo que resulta una ironía porque él interpretaba al embalsamador que asegura la vida eterna.

Como notas curiosas, la pequeña participación de Robert Englund antes de transformarse en Freddy Krueger, y el somero trabajo en los efectos especiales de Stan Winston, quien saltó a la fama con "Alien".

ZOMBI HOLOCAUST
Doctor Butcher (1980)

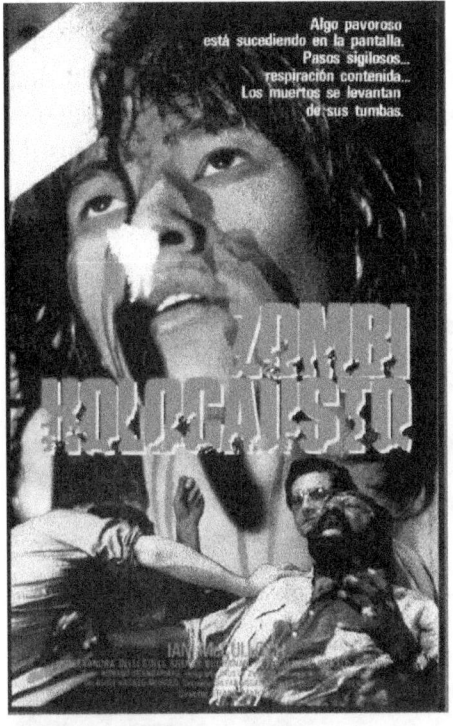

Director: Marino Girolami
Guion: Fabrizio De Angelis
Fotografía: Fausto Zuccoli

Intérpretes:
SHERRY BUCHANAN: Susan Kelly
PETER O'NEAL: George Harper
DONALD O'BRIEN: Dr. Obrero

Un médico ansioso de minimizar los defectos de los humanos, vive en una isla habitada por caníbales, lo que no le viene mal pues está intentando reanimar a los cadáveres para convertirlos en zombis. Material humano tiene suficiente, pero suele estar un poco deteriorado por los mordiscos, por lo que cuando consigue revivirles presentan un aspecto deplorable y tenebroso. Un día, llega a esta isla una expedición, entre cuyos componentes está una chica que es atisbada ansiosamente por los zombis, deseosos de hincar por fin los dientes en carne fresca y suave. O sea, que entre los caníbales y los zombis, la chica solamente puede correr y correr para ponerse a salvo.

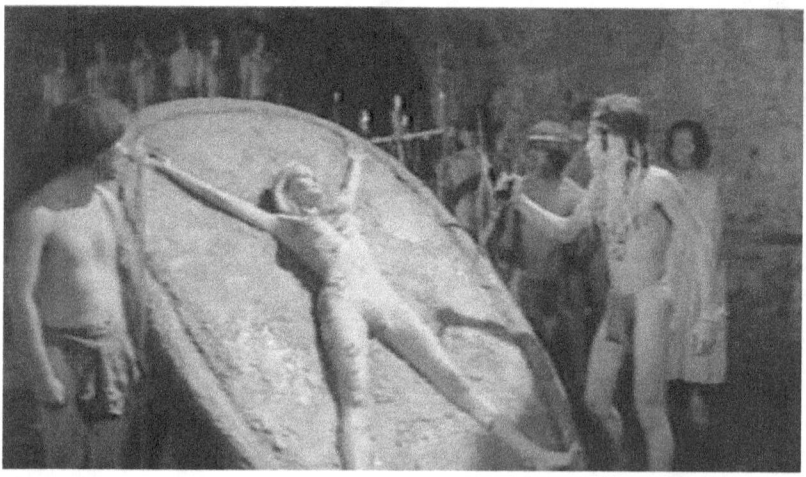

En definitiva, poco holocausto, algunos caníbales maquillados y menos zombis, es lo que ofrece esta pobre producción italiana realizada para aprovechar el éxito de *Holocausto Caníbal.*
Por supuesto, hay mucha sangre y a los aficionados varones les regalan los numerosos desnudos de la guapa rubia protagonista.

NIGHT OF THE ZOMBIS
Battalion of the Living Dead (1981)

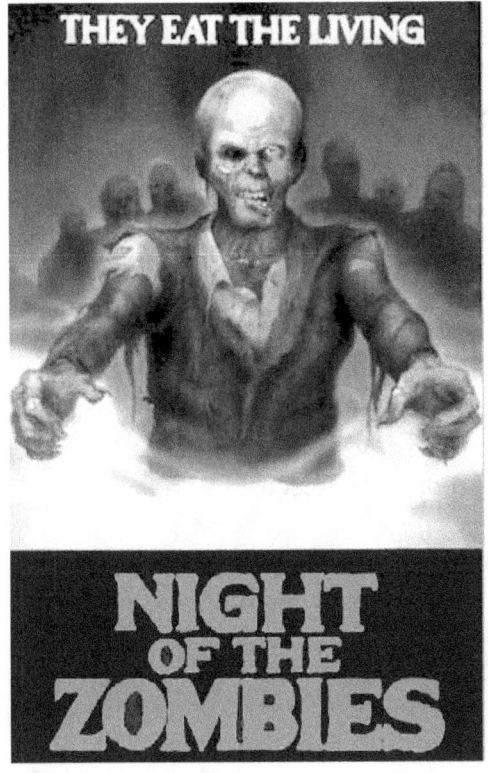

Director: Joel Reed
Guion: Joel M. Reed

Intérpretes:
JAMES GILLIS: Nick
SAMANTHA GREY: Susan
RYAN HILLIARD: Clarence

Una carta es descubierta por un detective que investiga un doble homicidio en los Alpes, en donde habla de un hombre que ha desaparecido hace años y a quien supuestamente se dio por muerto.

Jamie Gillis es el actor que interpreta a Nick, el sagaz detective, quien ayudado por un equipo de investigadores pronto descubren que también han desaparecido un grupo de soldados americanos que lucharon en la Segunda Guerra Mundial.

Estos soldados están vivos, pero parecen haber encontrado la fuente de la eterna juventud en un producto químico llamado Gamma 693 que les permite vivir eternamente, casi sin alimentarse.
Bueno, realmente no son eternos, pues una sencilla y contundente decapitación acaba con sus vidas, y también necesitan comer, aunque en este caso cerebros humanos frescos.

Gillis fue anteriormente una estrella del cine porno que aquí intenta demostrar sus otras virtudes, y hay que reconocer que no lo hace nada mal. Su personaje parece inspirado en Roger Moore cuando hacía de James Bond, a medio camino entre el cinismo y la seriedad, aunque le debemos reprobar que no consiga mostrar la cara de terror adecuada cuando aparecen los zombis.

Bueno, los efectos especiales son discretos pero eficaces.

LA TUMBA DE LOS MUERTOS VIVIENTES
Oasis of the zombis (1983)

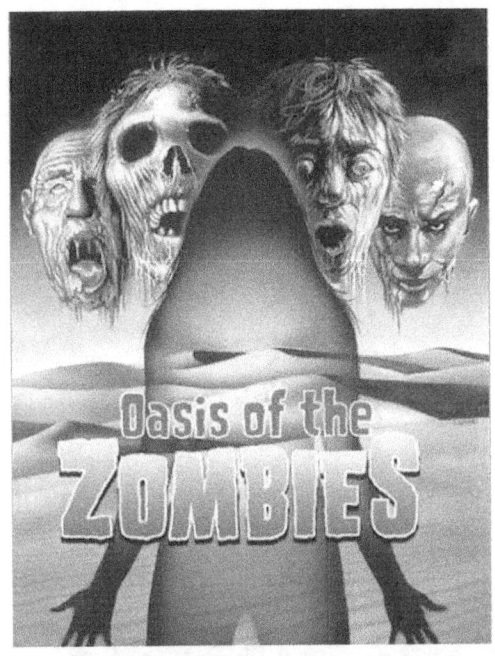

Director: Jesús Franco
Guion: Jesús Franco
Fotografía: Juan Soler
Música: Jesús Franco, Daniel White

Intérpretes:
MANUEL GÉLIN: Robert Blabert
ANTONIO MAYANS: Sheik
MIGUEL ÁNGEL ARISTA: Ahmed
EDUARDO FAJARDO: Kurt

41

En 1943, durante la Segunda Guerra Mundial, una patrulla del ejército alemán transportaba un cargamento de oro valorado en miles de millones de dólares. Sorprendidos en una emboscada por un comando inglés, todos acaban muertos en un oasis, salvo el comandante del Afrika Korps. Años después su hijo, sabedor de la masacre y la situación del botín, encabeza una expedición para ir en su busca, aunque otros dos grupos parten en la misma dirección al saber que el oro sigue allí enterrado.

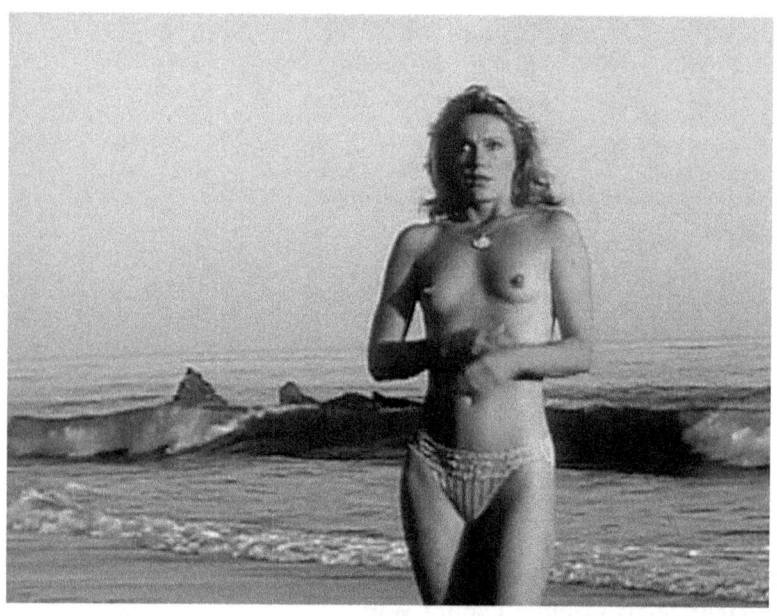

Jess (Jesús) Franco ha dirigido casi doscientas películas en su larga carrera, aunque él reconoce que la mayoría son pura basura y que solamente ha pretendido entretener a un público hambriento de escenas truculentas. Este filme no es una excepción, aunque el bajo presupuesto no ha impedido que contara con una música étnica acertada y una abundancia premeditada de desnudos.

LA NOCHE DEL COMETA
Night of the comet (1984)

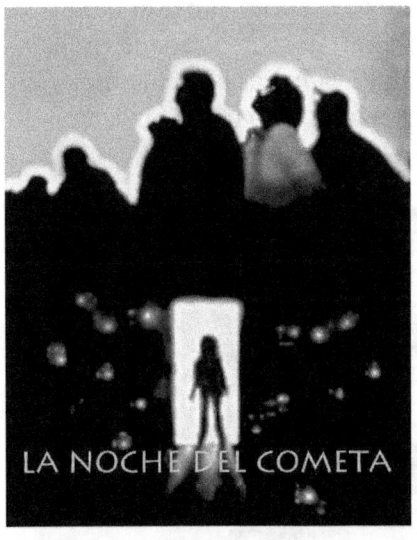

Director: Thom Eberhardt
Guion: Thom Eberhardt

Intérpretes:
ROBERT BELTRAN: Hector
CATHERINE MARY STEWART: Regina
ZOE KELLI SIMON: Samantha

Dicen que hace 65 millones de años un cometa pasó muy cerca de La Tierra coincidiendo con la desaparición de los dinosaurios y aunque no sabemos si se estrelló en nuestro planeta o solamente se aproximó, lo cierto es que su influencia debió dejar una huella perenne. Posteriormente otros cometas viajaron hasta nuestro sistema solar y su presencia es relacionada siempre con el fin del

43

mundo o con desgracias inimaginables. Esta es la época que viven los protagonistas de esta cinta, en un momento en el cual todo el mundo se preparaba para el acontecimiento del siglo. Regina Belmont no parece muy interesada en ello y por eso se queda dormida en la sala de proyección del cine donde trabaja, despertándose por la mañana cuando ya ha pasado el cometa. En ese momento es cuando se da cuenta que las cosas han cambiado drásticamente y que algo horrible ha sucedido.

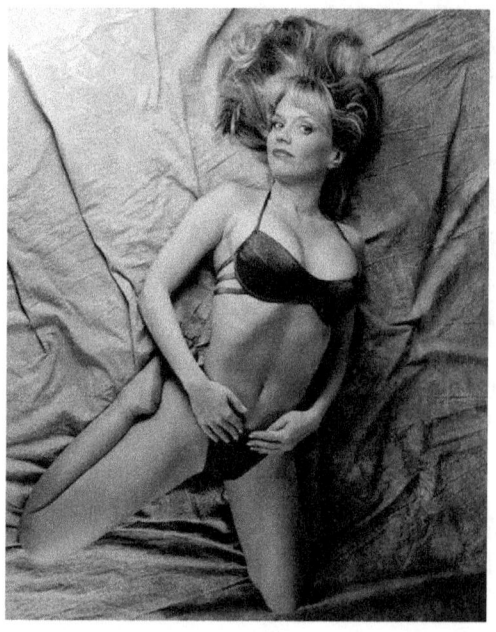

Así de sencilla es la previsible historia, con los humanos convertidos en zombis a causa de un extraño polvo rojo, lo que genera algunos sustos interesantes. Salvo algunos diálogos algo infantiles, la historia circula con agrado, y como tiene un final feliz pues hasta salimos del cine plenamente recuperados de los horrores contemplados. Bueno, la protagonista no nos horrorizó.

44

EL REGRESO DE LOS MUERTOS VIVIENTES
Return of the living dead (1985)

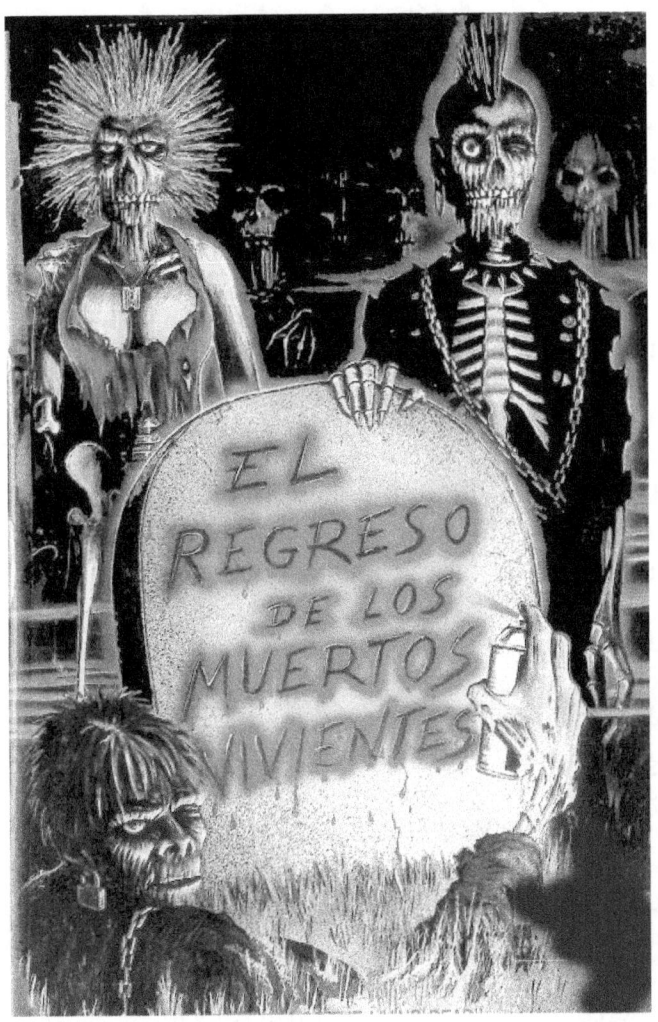

Director: Dan O'Bannon

Intérpretes:
CLU GULAGER: Burt
JAMES KAREN: Frank
DON CAFA: Ernie
BEVERLY RANDOLPH: Tina

Podría haber sido una digna secuela de *La noche de los muertos vivientes* y se convirtió simplemente en una parodia con la cual hemos disfrutado más de lo previsible. Sin embargo, con el paso de los años ha ganado prestigio y una mirada más tranquila nos permite disfrutar de nuevo con ella, siempre que consigamos evitar los diálogos. No hay duda de que podía haber sido una obra redonda si alguien hubiera controlado a los actores y despedido al guionista, pero aún con el material restante esta satírica respuesta al cine de Romero merece estar en nuestra videoteca particular.

Dirigida por Dan O'Bannon, escritor de "Alien", y contando con la buena fotografía de Jules Brenner, una vez introducidos definitivamente en la historia podemos disfrutar de ciertos momentos de buen cine de terror y elocuentes maquillajes.
Los muertos están ahora en el cementerio, como es habitual, pero una nube tóxica se filtra por sus tumbas y eso les reaviva su sistema nervioso, saliendo rápidamente con una sola intención: comerse el cerebro de los humanos. Mientras tanto, un grupo de jóvenes organizan una orgía de sexo y alcohol al lado de sus tumbas, inconscientes de lo que muy pronto les llegará.

Los zombis son como siempre, divertidos si les miramos de reojo para no asustarnos; sin embargo, estos cadáveres de andares lentos y vacilantes se han convertido casi en un miembro díscolo de la familia, y creo que les hemos perdido el respeto.

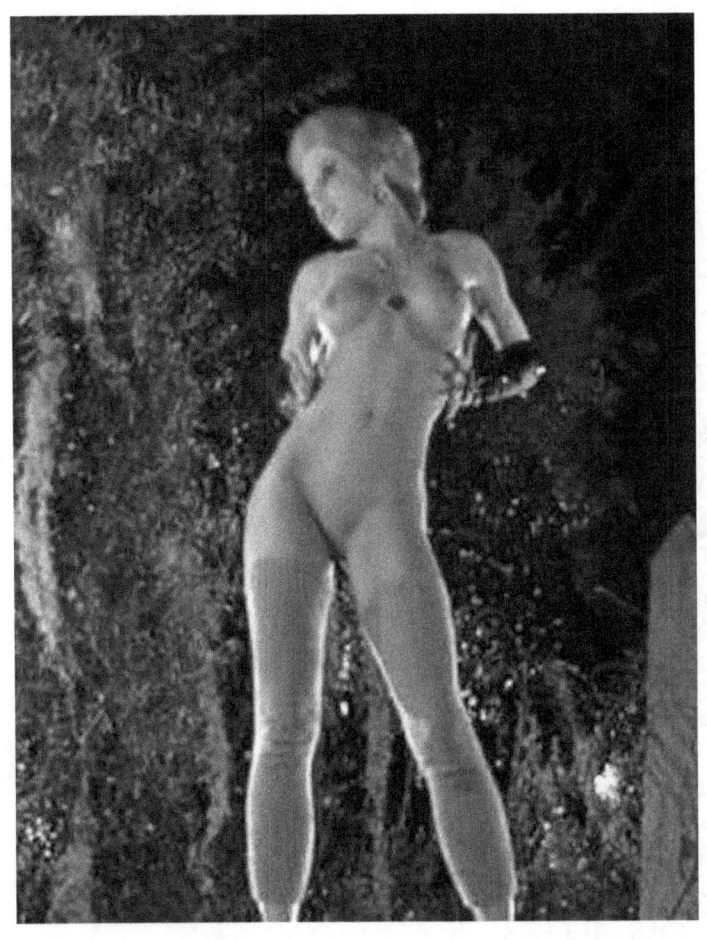

No se pierdan la escena en la cual Tina realiza un memorable desnudo integral encima de una de las tumbas, mientras asegura que su mayor placer sería ser comida viva por un muerto. Cuando su deseo se hace realidad y se la comen, no pudimos ver en ella la expresión de felicidad que tanto deseaba y quizá por eso no la volvimos a ver nunca más en una película.

EL DIA DE LOS MUERTOS
The day of the dead (1985)

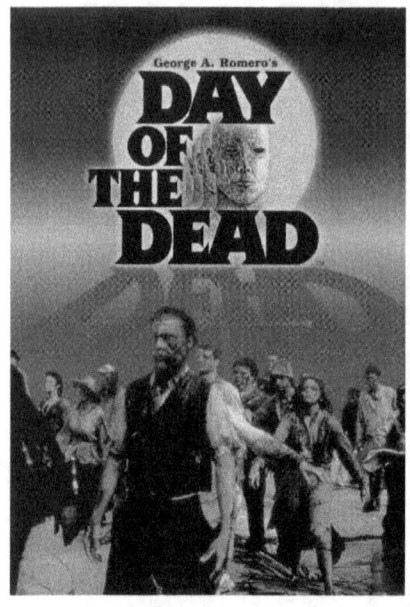

Director: George A. Romero
Guion: George Romero

Intérpretes:
LORI CARDILLE: Sarah
TERRY ALEXANDER: John
RICHARD LIBERTY: Dr. Logan
HOWARD SHERMAN: Bub, el Zombi

Ahora los zombis han acorralado a los protagonistas en una zona militar enclavada en las entrañas de una montaña y su supervivencia depende de que logren comunicarse con ellos.

Un alborotado médico encuentra la manera de domesticar a los muertos, pero algunos de sus compañeros prefieren matarles de nuevo a balazos.

Tercera parte de la trilogía sobre zombis, pero esta vez tratando de encontrarles el lado bueno a los sufridos no-muertos. El resultado es que terminamos perdiéndoles miedo, se nos hacen casi humanos, y hasta parecen sufrir por culpa de los vivos. No obstante, y aunque la película ha sido muy criticada, se nota la mano maestra de Romero y hay momentos con buenos sustos.

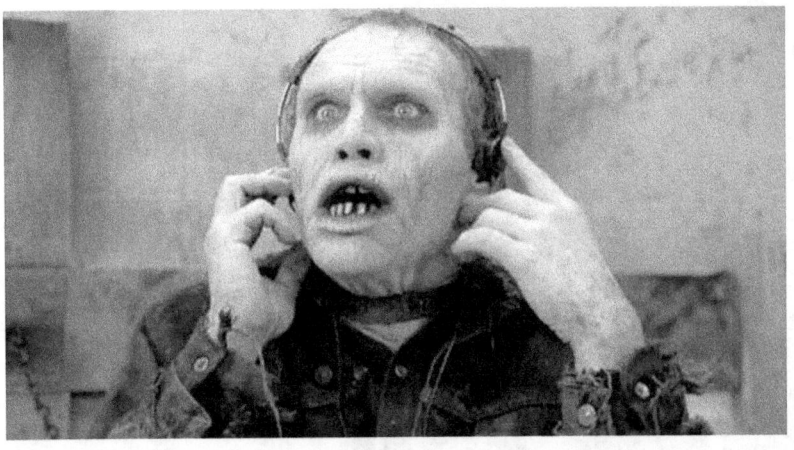

La primera cosa que notamos al ver la cinta es su bajo presupuesto, tan bajo que hasta han escatimado maquillajes y creo que muchos zombis solamente cuentan con algunos harapos y sus andares vacilantes. Además, corren demasiado, quizá para que no nos fijemos en los detalles. Menos mal que Romero ha conseguido proporcionar de nuevo la atmósfera claustrofóbica, pero quizá le faltan más sombras y puertas chirriando. Todo está correcto, lo mismo que los actores, pero hay una carencia de sangre bien notoria, y eso es casi imperdonable en un filme donde los mordiscos a la carne fresca deben ser lo habitual.

Lo curioso del caso es que la mayor parte de las críticas fueron porque era poco sangrienta y nada desagradable, lo que define bien a los aficionados.

RE-ANIMATOR
Re-animator (1985)

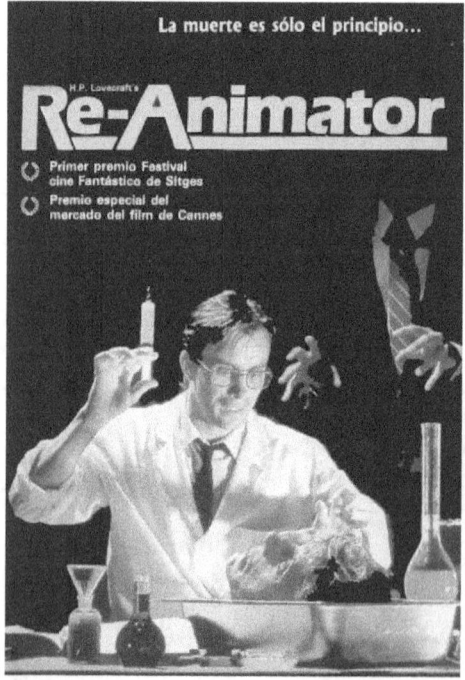

Director: Stuart Gordon
Argumento: "Herbert West" de H.P. Lovecraft
Efectos especiales: Anthony Doublin
Guion: Dennis Paoli, Stuart Gordon

Intérpretes:
JEFFREY COMBS: Herbert West
BRUCE ABBOTT: Dan Cain
BARBARA CRAMPTON: Megan Halsey

Nuevo concepto del cine de zombis, contando con un buen relato original, en el cual nos hablan de unos científicos empeñados en devolver a la vida a los muertos con un suero especial, experimento que se les hace incontrolable desde los primeros momentos.

La película cuenta con una escena que posiblemente fuera la que más contribuyó a su gran popularidad, en la cual la cabeza de uno de los resucitados se empeña en realizar un cunnilingus a la protagonista, quien había sido desnudada previamente por el zombi descabezado. Impresionante. El contraste nos lo ofrecen cuando vemos a otra muerta, bastante menos agraciada y seccionada en dos partes, pero con muy mal genio en su lenguaje.

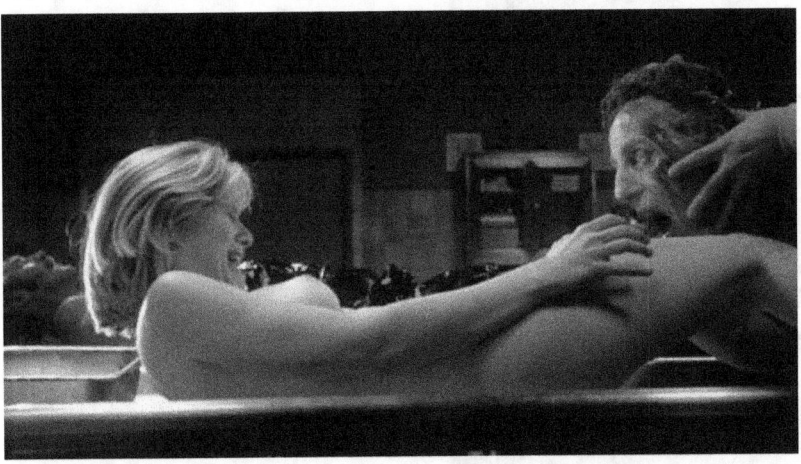

Re-animator es ya un clásico del cine de terror y hay tantos elementos buenos en el filme que resulta difícil escoger un punto

51

de referencia. La película combina lo que parece ser el realismo de la muerte con la perspectiva científica y agrega un elemento de ciencia-ficción. Además, está contada con cierto sentido del humor y posee la justa proporción de sangre. Globalmente, los zombis están bien diseñados y ya no son tan torpes como en otras historias anteriores, mostrando en ocasiones el necesario maquillaje, lo que indudablemente constituye una reprimenda.

Fue galardonada con el primer premio en el festival de Cine Fantástico de Sitges y con el Premio Especial del mercado del filme en Cannes. Convertida ya en un clásico ampliamente imitado, hubo una espantosa secuela, "La novia de Re-animator" que se vio solamente en vídeo.

RE-SONATOR
From beyond (1986)

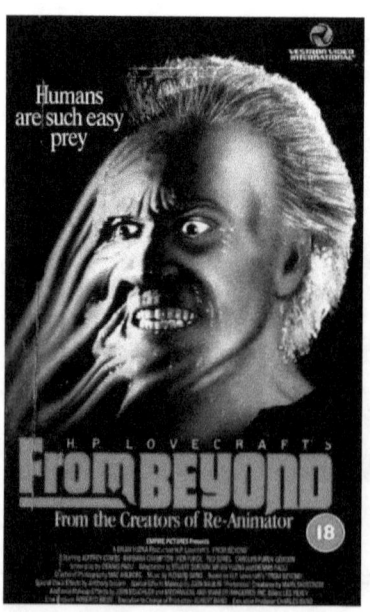

Basada en la novela de: H.P. Lovecraft "From beyond"
Director: Stuart Gordon
Guion: Dennis Paoli, Brian Yuzna, Stuart Gordon

Intérpretes:
JEFFREY COMBS: Crawford Tillinghast
BARBARA CRAMPTON: Dra. Katherine McMichaels
TED SOREL: Pretorious

Una vez que Re-animator cosechó el éxito en todo el mundo, se volvieron a reunir los mismos autores del guion para proporcionar unos resultados similares. El éxito no les acompañó, y eso que de nuevo la historia de Lovecraft poseía ingredientes sumamente novedosos.

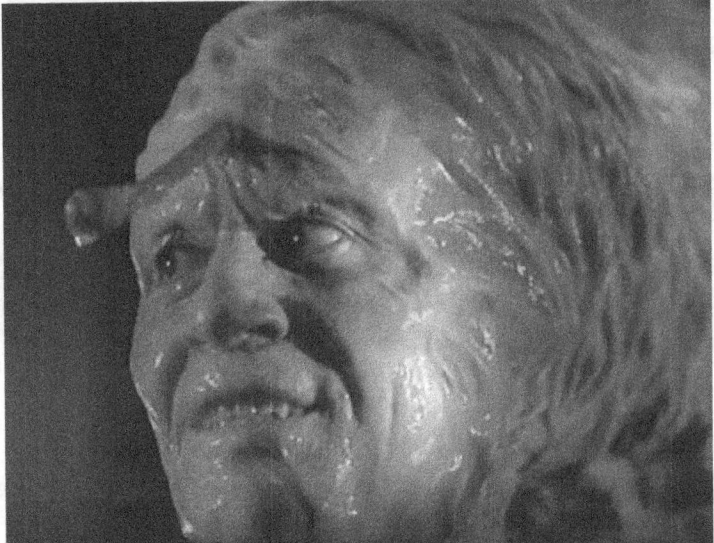

Ahora unos experimentos atraen a nuestro mundo los monstruos de otra dimensión a través de la glándula pineal, hasta el punto en que uno de los científicos se ve involucrado en ese nuevo mundo. La sexta dimensión se nos muestra como un espacio poblado por criaturas que consideran a los intrusos humanos como carne fresca, y cualquiera que la traspase acabará siendo devorado. Solamente un científico quiere controlar ese mundo y mezclarse con él, lo que le permitirá alcanzar un poder infinito. La guapa protagonista es pronto seducida por ese hombre y vemos un romance erótico entre ellos que resulta cuando vemos insólito.

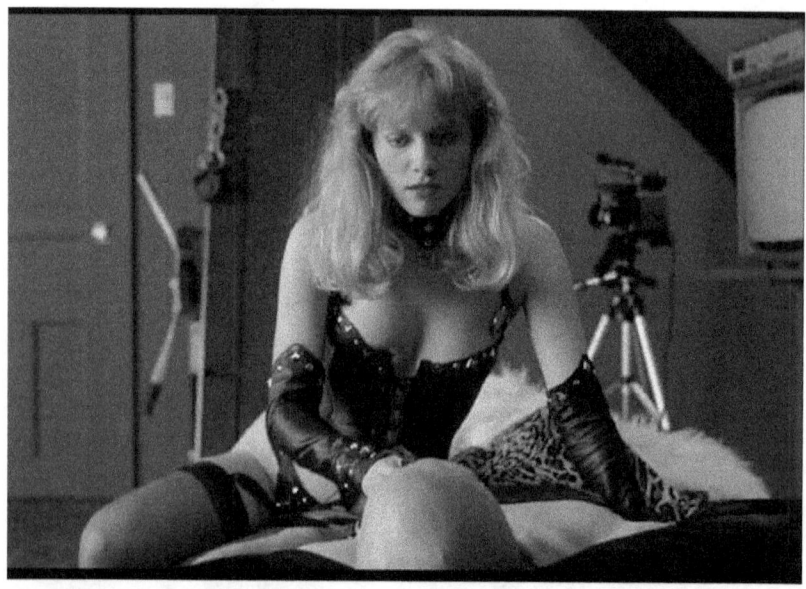

La película cuenta con las tradicionales escenas nauseabundas del cine gore, un diálogo histérico suficiente, monstruos raros en abundancia que aparecen bruscamente, y ciertas elucubraciones científicas sobre los universos paralelos. Los protagonistas y sus personajes tienen una buena química, aunque debemos destacar a ese Dr. Proteus y sus poderes trans-dimensionales.

LA DIVERTIDA NOCHE DE LOS ZOMBIS
Return of the living dead II (1987)

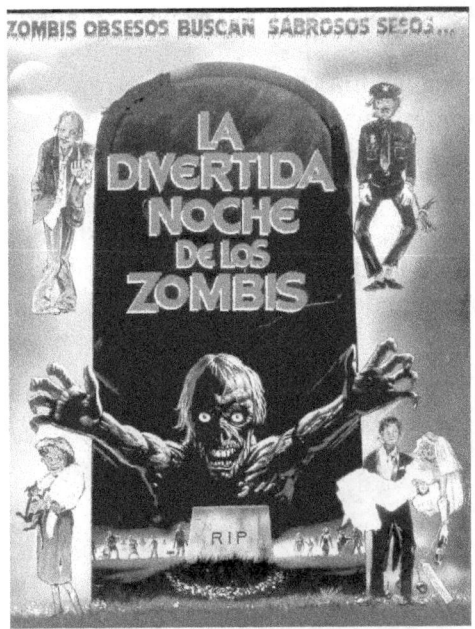

Director: Ken Wiederhorn
Guion: Ken Wiederhorn
Maquillaje: Kenny Myers

Intérpretes:
JAMES KAREN
THORM MATHEWS
MARSHA DIETLIN

Con los actores que aún no fueron comidos por los zombis en "El retorno de los muertos vivientes" (suponemos que por feos), se realizó esta película aprovechando el buen éxito de la anterior. Aunque el tono cómico trata de conseguir que el público juvenil se interese en este tipo de filme (y para eso se utilizan protagonistas jóvenes), lo cierto es que la abundancia de sangre se pasea durante toda la película.

La acción parece continuar la historia anterior, con el ejército limpiando el enredo de la primera película, aunque de nuevo lo hacen con bastante torpeza y los muertos comienzan a salir en ese pueblo abandonado.

Buenas escenas de terror, adecuada la caracterización de los zombis, y alegorías al mundo de la música pop, con inclusión de un zombi Michael Jackson bailando "Thriller" al son de una descarga eléctrica.

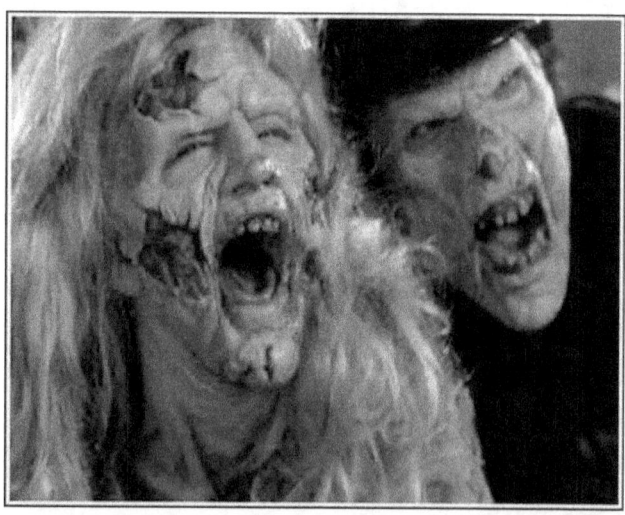

Esta podría ser la segunda parte de una trilogía en la cual se iba a parodiar el cine de terror, tal y como después se hizo con "Scary Movie", pero entonces no se le concedió la adecuada importancia, y eso que se trataba de buenas comedias.

Perteneciente al cine de zombis de los años 80, en donde unos plagiaban a los otros y todos a Romero, no había un interés real en realizar buenas películas, aunque algunos lo consiguieron casi sin proponérselo. Por eso no están cuidados los efectos especiales y hay numerosas escenas de miedo que no causan el terror necesario por esta causa. No obstante, les aseguramos una ración discreta de humor y miedo.

MAL GUSTO
Bad Taste (1987)

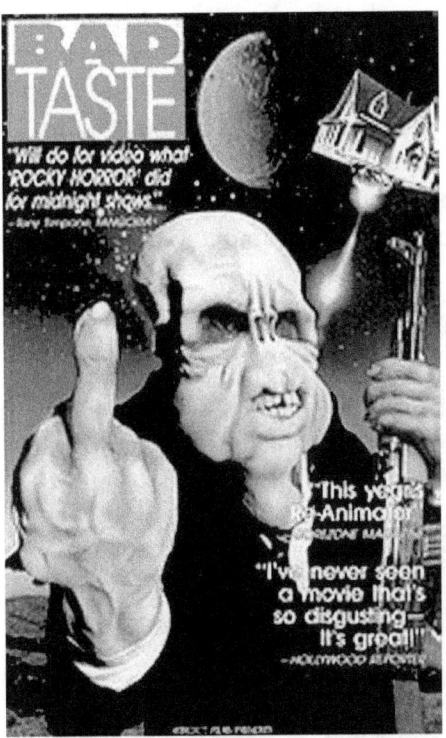

Director: Peter Jackson
Intérpretes:
PETER JACKSON: Derek
MIKE MINETT: Frank
PETE O'HERNE: Barry
TERRY POTTER: Ozzie

Una frenética llamada telefónica desde Kaihoro (un pueblo pequeño en la costa de Nueva Zelanda), alerta sobre la invasión de unos semi-robots agresivos, aunque inicialmente no encuentran la respuesta deseada a su petición de auxilio. Afortunadamente hay quien da validez a la noticia y un grupo denominado como Servicio de Defensa contra la Invasión Espacial, acude al rescate. Ellos son Derek y Barry, pero cuando llegan al lugar se encuentran con un lugar vacío de humanos, salvo un extranjero de aspecto inédito conocido como Robert (de nuevo Peter Jackson) al que capturan. Desgraciadamente, Robert tiene amigos, declarándose desde entonces una lucha sin cuartel.

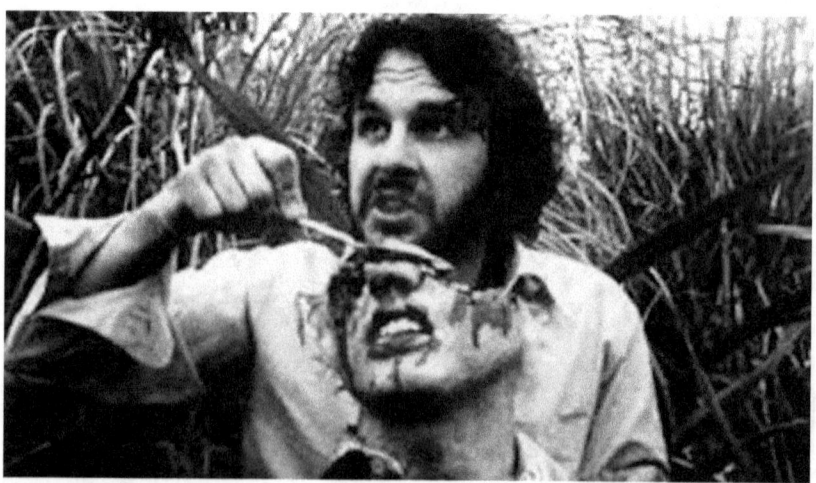

Peter Jackson

Su éxito comercial sorprendió a todos, e incluso hasta la crítica la acogió con simpatía y mucha benevolencia. Aunque el título tiene bastante que ver con el argumento de la película, es un espectáculo diferente al habitual a pesar de su indudable falta de coherencia, a lo que debemos sumar unos diálogos increíbles; deberíamos decir de pésimo gusto, pero como encajan con el título del filem…

Película esencialmente de autor, puesto que Peter Jackson ejerce prácticamente todas las funciones del equipo técnico, con lo cual estamos seguros que el presupuesto fue ínfimo, mucho más si también ejerció como actor principal. Aunque no era entonces un director muy conocido, posteriormente tuvo su momento histórico con "Agárrame esos fantasmas" con Michael J. Fox, y con la trilogía de "El señor de los anillos".

Este filme parece que lo comenzó a realizar cuando tenía 22 años, inicialmente como un cortometraje con un grupo de amigos, que finalmente tomó una vida propia, convirtiéndose en una película de 90 minutos que tardó casi cuatro años en completarse, con Jackson trabajando a tiempo completo durante la semana, ahorrando su dinero viviendo con sus padres, dedicando sus ingresos enteramente a la película que rodaba cada fin de semana.

En 1987, Bad Taste fue lanzada en el Festival de Cine de Cannes, y los derechos de la película rápidamente se vendieron a 12 países.

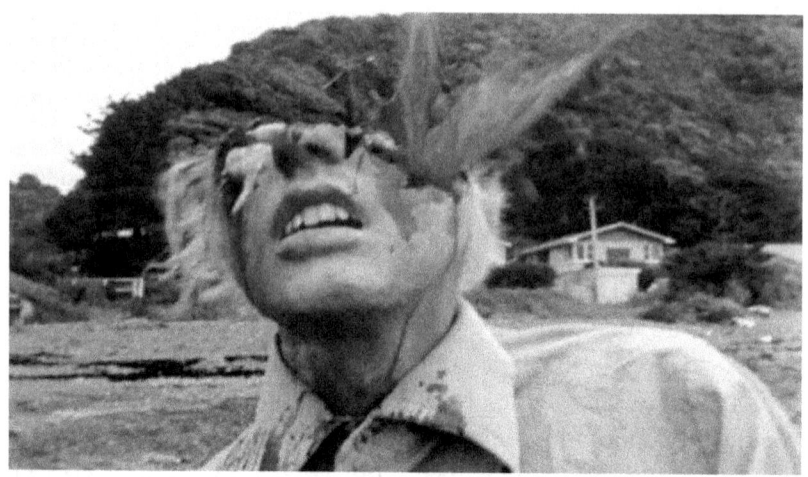

El escaso presupuesto es notorio mirando simplemente los títulos de crédito, pues Peter Jackson produce, dirige, interpreta (en papeles múltiples), vigila la fotografía, crea los efectos especiales, aplica el maquillaje y hasta colabora en el guion. Indudablemente tantos trabajos debieron satisfacer su vanidad, acrecentada porque a pesar de que fue exhibida en cines de barrio, cosechó cierto éxito hasta de crítica.

Nadie sabía que ese director se iba a convertir en un mito años después, y por eso ahora sus películas vuelven a ganar interés comercial en DVD. Y es que esta mezcla de cine de humor y de mensaje, con zombis y extraterrestres enlazados, todo ello mezclado en una batidora repleta de sangre y vísceras sin centrifugar, funcionó entre la gente progresista.

Lo dicho, si quieren ver algunas de las escenas de zombis más repugnantes de la historia, con liposucción visceral a la vista, no se la pierdan.

ZOMBI 3
La noche del terror (1988)

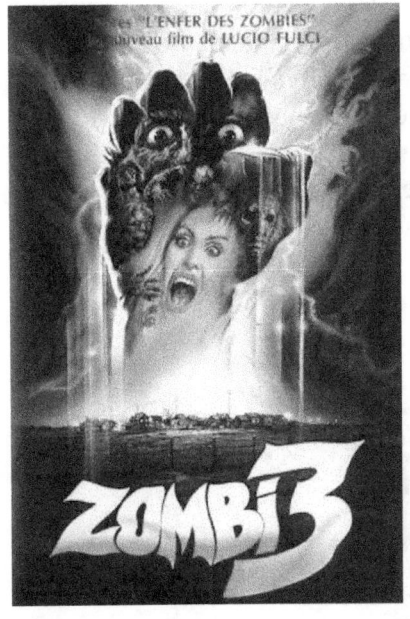

Director: Lucio Fulci
Guion: Rosella Drudi

Intérpretes:
DERAN SARAFIAN: Ken
BEATRICE RING: Patricia
MASSIMO VANNI: Bo

Mirando esta película, cualquiera puede decir que hubo dos personas dirigiéndolas. También, que las dos tenían algo diferente en la mente cuando estaban rodándola. Fulci parece que trataba de mostrar la típica imagen de los zombis como algo sobrenatural,

61

mientras que Bruno Mattei (que no aparece en los títulos) intentaba hacer una parodia similar a "El regreso de los muertos vivientes". De hecho, algunas de las escenas recuerdan a este filme y la narración termina aproximándose, lo que confirma las noticias de que intervino en el guion. Probablemente habría sido mejor si Fulci terminara la historia, pero es posible que surgiera algún tipo de conflicto de intereses y tuvo que abandonar.

El argumento dice que un terrorista roba un producto químico peligroso que convierte a las personas en zombis y el ejército intenta controlarlo, mientras unos cuantos turistas quedan atrapados en un hotel.

ESTAMOS MUERTOS... ¿O QUÉ?
Dead Heat (1988)

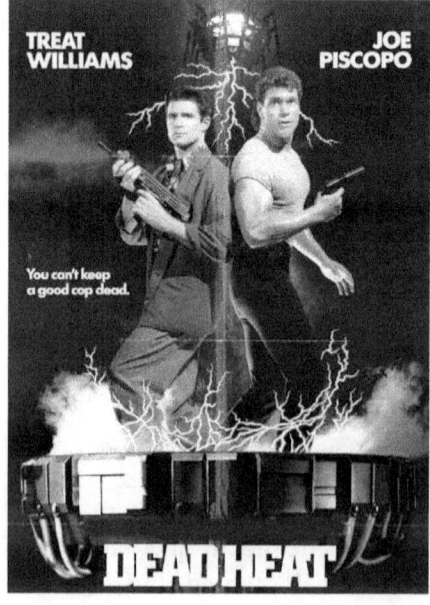

Director: Mark Goldblatt

Guion: Terry Black

Intérpretes:
TREAT WILLIAMS: Roger
JOE PISCOPO: Doug
LINDSAY FROST: Randi
VINCENT PRICE: Arthur

Resulta difícil encuadrar este filme en un género completo, puesto que aparentemente se trata de una aventura de policías y ladrones, con un agente listo y otro algo más torpe, ambos intentando resolver un misterio que involucra a una gran empresa. Después, y casi de una manera sorpresiva, aparecen los zombis, cambiando el rumbo de la historia hasta unos límites delirantes, pues lógicamente los dos policías se encuentran igualmente aturdidos. No hay mucho horror, eso hay que reconocerlo, ya que el comportamiento desquiciado de los protagonistas nos invita a la risa, pero al menos dan respeto esos muertos, de andares torcidos, en pos de carne humana fresca.

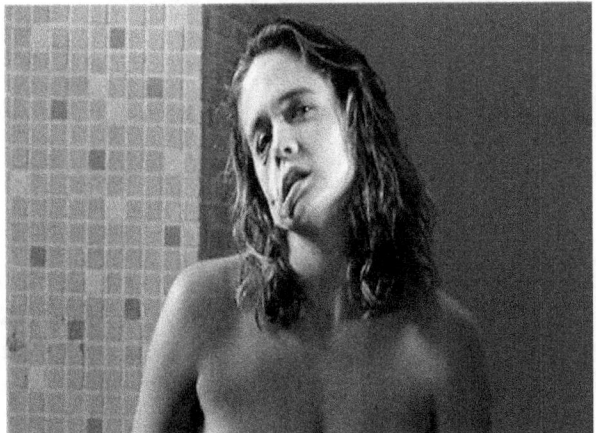

Los efectos especiales son sorpresivos, ya que nadie se espera que ni siquiera existieran, debiendo agradecer a Steve Jonson que se tomara su trabajo en serio cuando nos muestra a esos zombis y su destrucción paulatina delante del espectador. También hay que destacar la escena en el restaurante chino, en donde vemos a un animal resucitado en su propia salsa, ya que se trataba de un cerdo que debería ser ingerido por los comensales.

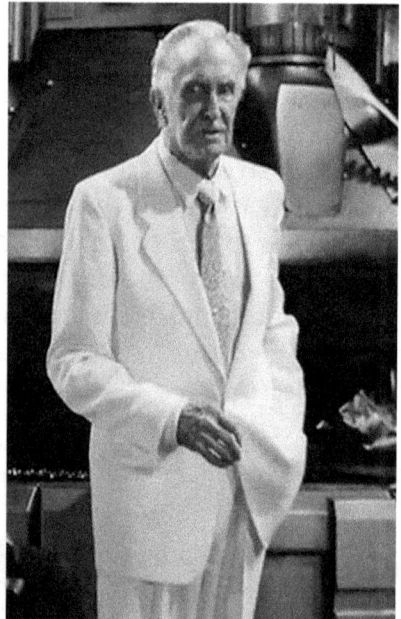

Vincent Price

El filme fue estrenado el mismo año que "Chucky" y la cuarta entrega de *Pesadilla en Elm Street*, siendo esta la causa principal por la cual pasó desapercibido. Por supuesto, la intervención de Vincent Price contribuyó a mejorar los resultados económicos, y aunque tiene un pequeño papel, su presencia añade una categoría imposible de cuantificar.

BRAINDEAD (Tu madre se ha comido a mi perro)
Braindead (1992)

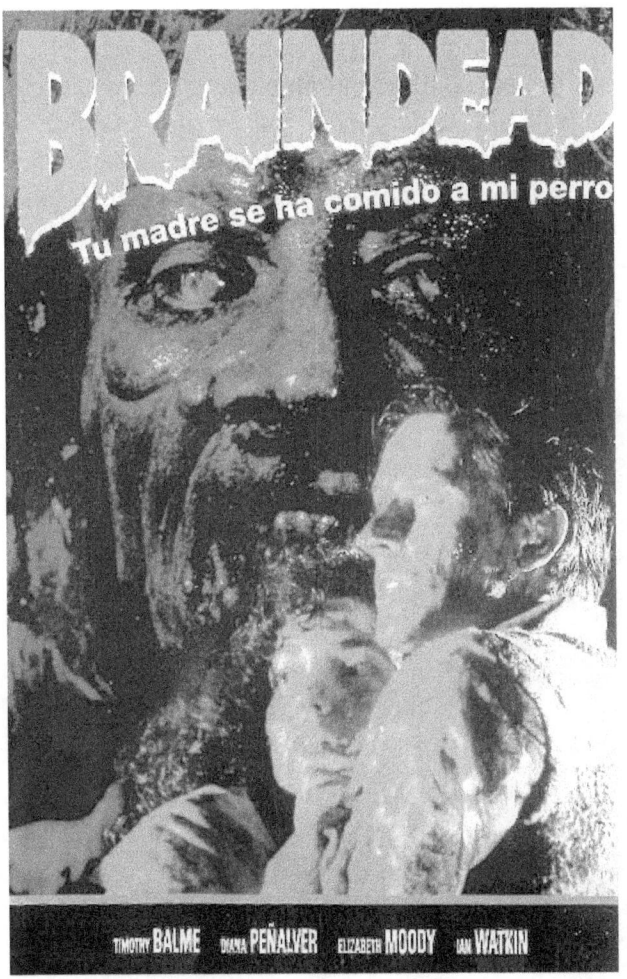

Director: Peter Jackson

Guion: Stephen Sinclair, Frances Walsh y Peter Jackson
Intérpretes:
TIM BALME: Lionel
DIANA PEÑALVER: Paquita
LIZ MOODY: Vera Cosgrove

Un científico descubre en Skull Island un ejemplar muy extraño mezcla de mono y rata al que acompaña una terrible maldición, según los nativos. Trasladado a Nueva Zelanda para su estudio, el animal muerde a la madre de Lionel, un chico que está enamorado de Paquita, la hija del panadero. Poco a poco, la madre se va convirtiendo en una especie de zombi, un ser ávido de carne, y termina convirtiendo a todos en muertos vivientes después de morderles.

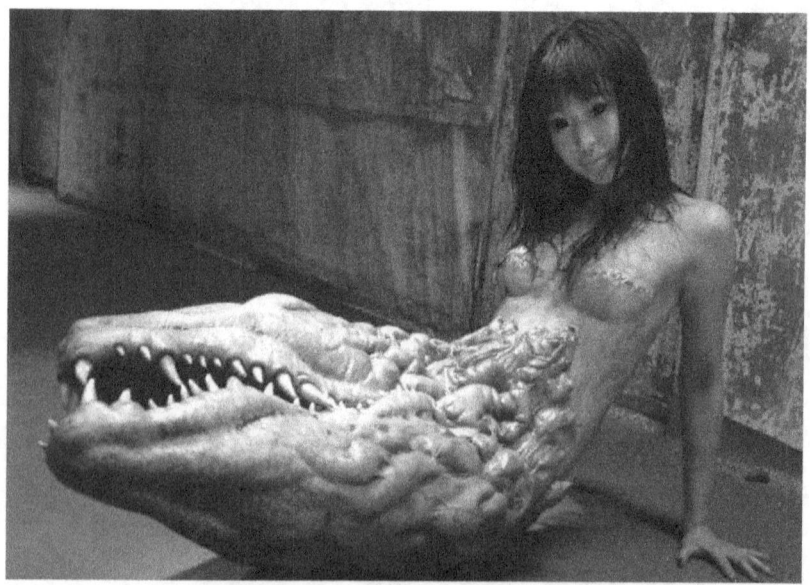

Aunque casi desconocida por el gran público, *Braindead* es una de las obras fundamentales del cine gore, cobrando ahora mucho más interés por haber sido dirigida por Peter Jackson, quien ya sabemos que luego saltó a la fama gracias a la trilogía de "El señor de los anillos" y más recientemente "El Hobbit".
Pero este aumento de categoría no le exime de responsabilidades, y esta película consiguió notoriedad solamente por la abundancia de escenas sangrientas, así como por los kilos de casquería utilizados.

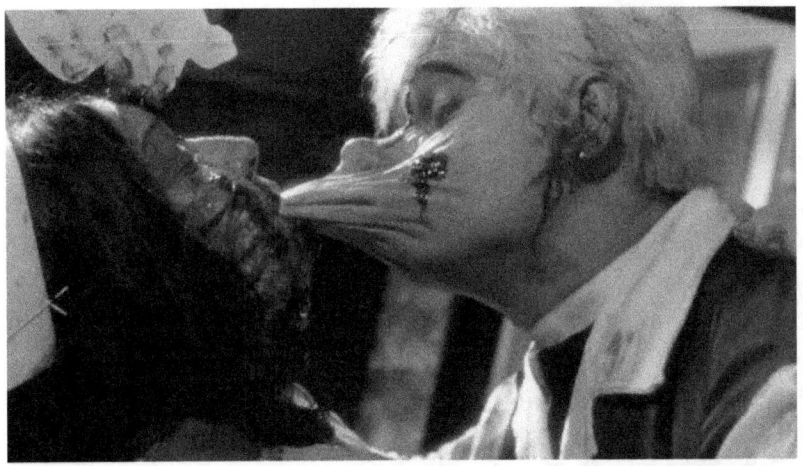

Dotada de un sentido del humor sombrío, pero tan burdo que parece obra de alguien deseoso de llamar desesperadamente la atención, asistimos con los ojos desorbitados a la película de zombis más increíble de la historia.

Por ello, si usted quiere ver algo insólito intente verla en DVD; pero si desea algo similar a las obras de George Romero mejor no pierda el tiempo.

MORTAL ZOMBI
Return of the Living Dead 3 (1993)

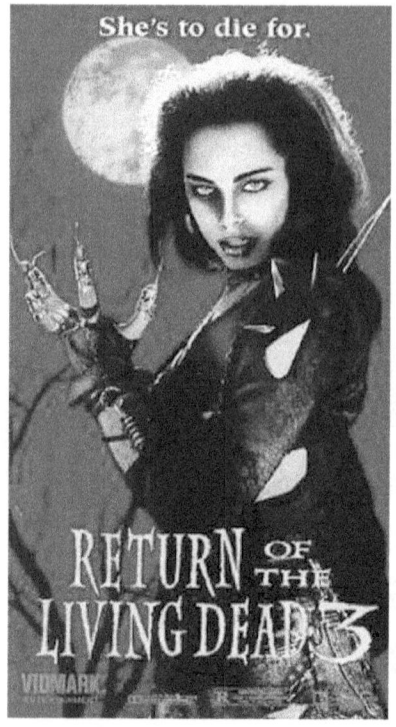

Director: Brian Yuzna
Productor: Gary Schmoeller, Brian Yuzna
Guion: John Penney
Música: Barry Goldberg

Intérpretes:
KENT MCCORD: John Reynolds
JAMES T. CALLAHAN: Peck
SARAH DOUGLAS: Sinclair

No es recomendable alterar el sueño de los muertos, eso ya los saben los espectadores, pero esta recomendación no consiguió calar en el joven Curt, quien en compañía de su novia se introduce en una base militar donde se lleva a cabo un proyecto secreto.
Lo que allí encuentran es sobrecogedor, en especial esos experimentos de los científicos intentando revivir a los muertos para luego utilizarlos como soldados invencibles. La pregunta que nos hacemos en ese momento es: ¿quién es capaz de matar a un muerto?

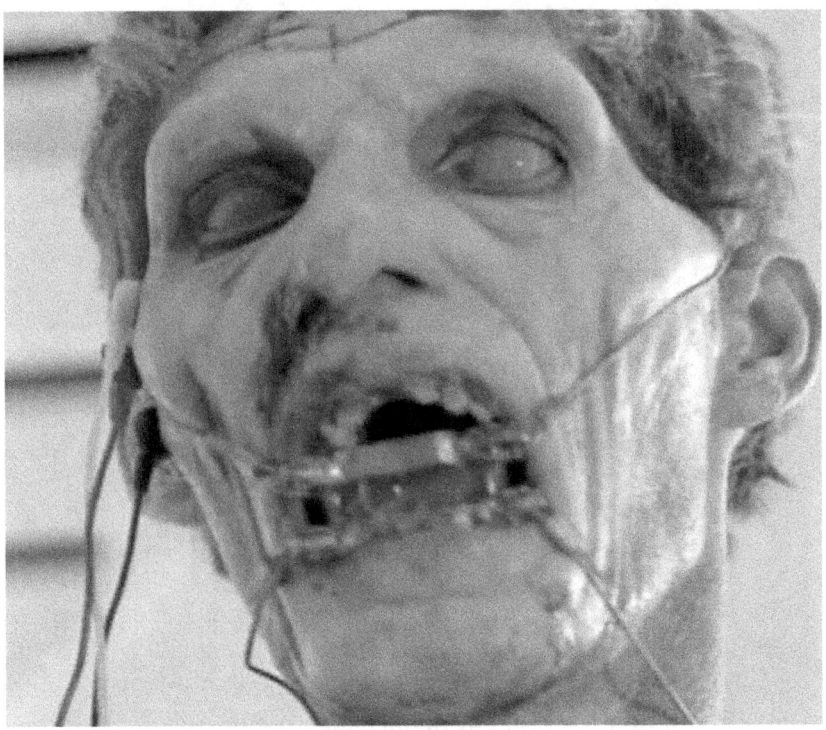

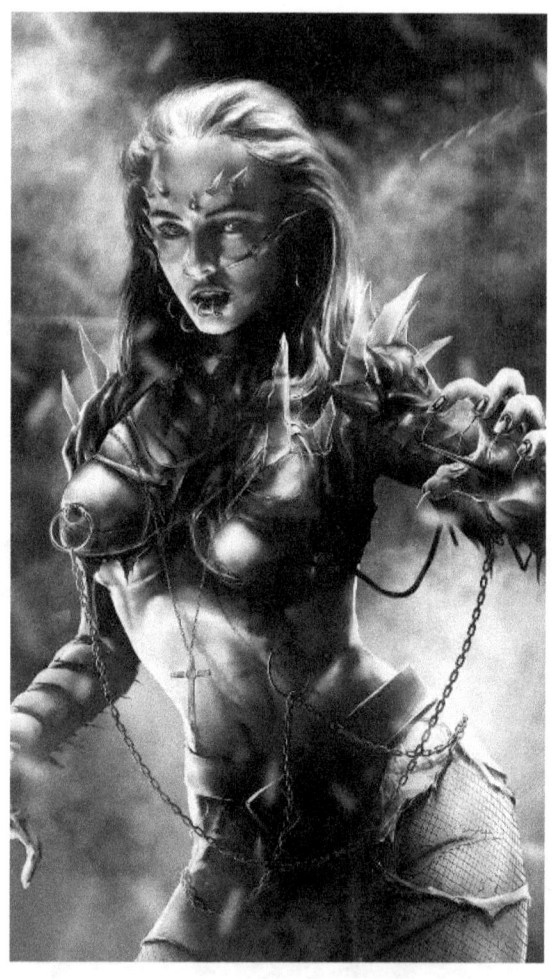

Dirigida por Brian Yuzna, experto en cine de terror que estuvo ligado a Fantastic Factory, una compañía española que ha producido obras como "Faust" y "Beyond Reanimador", nos recrea ahora una historia sin demasiadas pretensiones, pero que dispone de un soberbio final y unos más que adecuados efectos especiales, además de abundante sangre enlatada.

BRUISER
El rostro de la venganza
(2000)

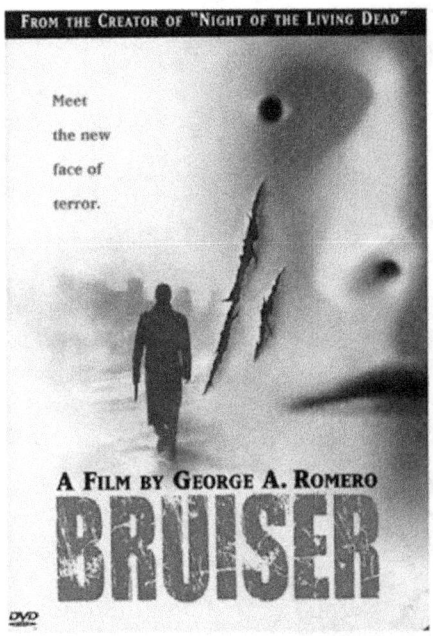

Dirección y Guion: George A. Romero

Intérpretes:
JASON FLEMING: Henry
PETER STORMARE: Milo
LESLIE HOPE: Rosemary

Los aficionados se preguntarán la causa por lo cual uno de los directores del cine de terror más prestigiosos, realizó este filme. Si aún no la ha visto y no quiere perder el respeto hacia Romero,

71

le pedimos que siga sin verla. Es duro -y casi imposible- creer que el ingenioso creador de tantos hitos cinematográficos, haya puesto ante nuestros ojos algo tan carente de valor.

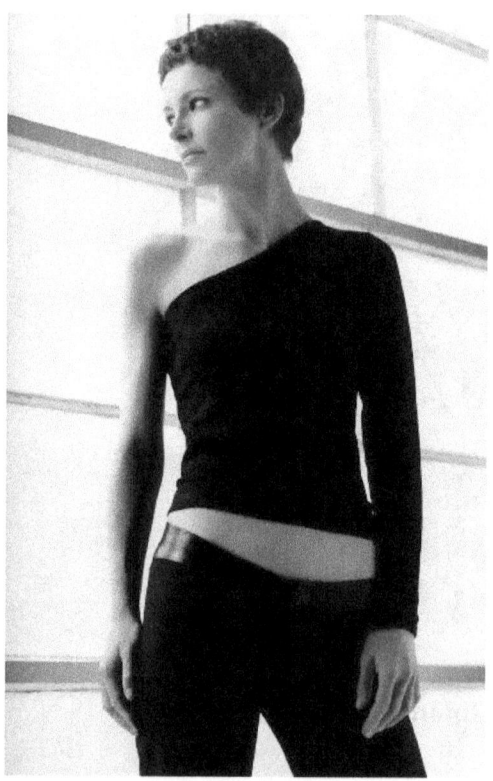

Leslie hope

La historia nos habla de Henry, un joven de 30 años que ha resultado ser un perdedor completo. Su jefe lo humilla, su mejor amigo le saca todo el dinero, y su esposa duerme con todos los hombres del barrio menos con él. Por eso, cuando se despierta una mañana, lo hace con la firme decisión de vengarse anónimamente de todos ellos.

Bien, la historia es sencilla y aunque poco original tiene posibilidades, pero Romero parece que se movía plenamente a disgusto y por ello prefiere emplear las metáforas y los comentarios sociales, antes que crear el clima de intriga y terror adecuados. Pudiera ser que George A. Romero decidiera en este momento dar un giro a su carrera, evitando dar sustos intensos al espectador, quizá buscando un hueco entre los grandes realizadores. Tan incómodo parece con las escenas terroríficas, que evita mostrar la muerte directamente, dejando que sea el espectador quien ponga las escenas según su imaginación.

JEEPERS CREEPERS
(2001)

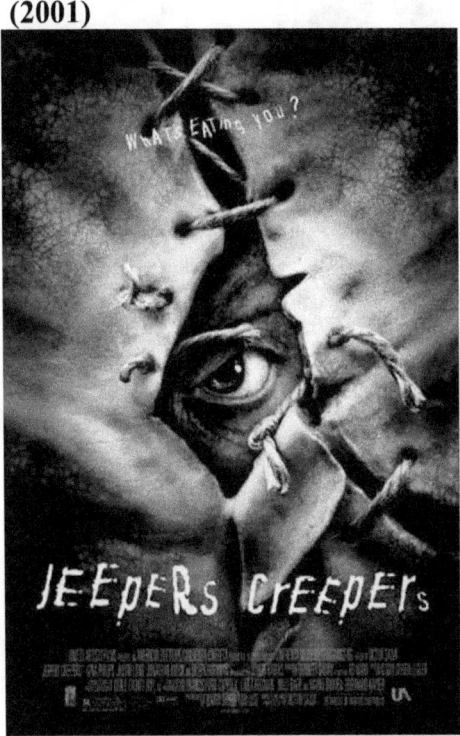

Productor ejecutivo: Francis Ford Coppola
Dirección y guión: Victor Salva

Intérpretes:
Gina Phillips
Justin Long
Jonathan Breck (La criatura)

Un hermano y una hermana llegan conduciendo a una casa para pasar sus vacaciones de primavera y allí se encuentran con una criatura que come carne y este es el último día de su ritual.

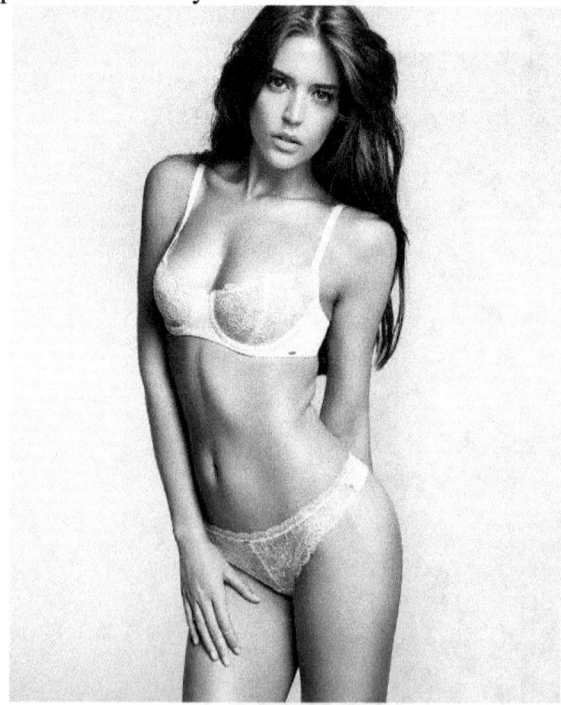

Gina Phillips

Todo se desarrolla en una iglesia abandonada cuyo tejado está cubierto por una espesa bandada de cuervos. A partir de ese momento comienzan una huida aterradora, perseguidos por una de las criaturas más letales que se pueda imaginar, quien parece haberse enamorado de los ojos de la chica.

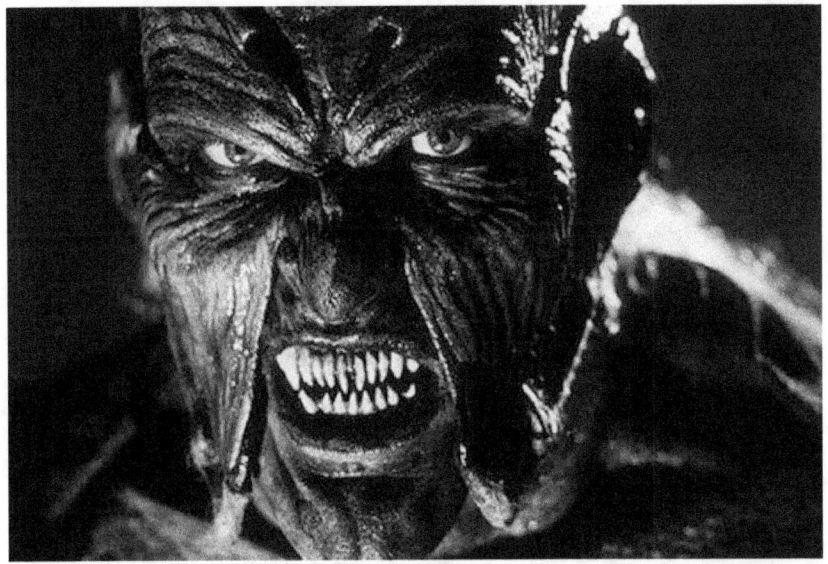

La película ganó un merecido premio en el Festival de Sitges de 2001, y hubo más secuelas:

Jeepers Creepers 2, película de terror del 2003, escrita y dirigida por Victor Salva.

Jeepers Creepers 3: Catedral que aún no hemos visto y que servirá como la penúltima entrega, ya que quizá se origine una cuarta y última entrega, según lo dicho por el director Victor Salva.

RESIDENT EVIL
(2002)

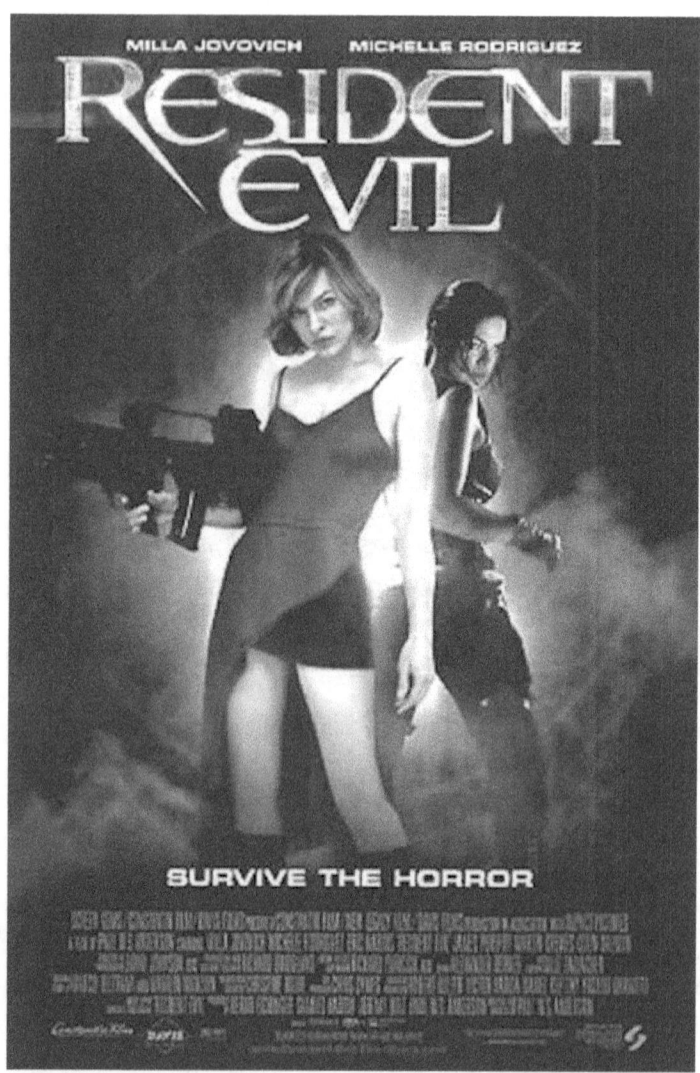

Director: Paul Anderson
Guion: Paul Anderson
Producción: Paul Anderson, Jeremy Bolt, Bernd Eichinger, Samuel Hadida
Fotografía: David Jonson
Música: Marco Beltrami, Marilyn Manson
Montaje: Alexander Berner

Intérpretes:
MILLA JOVOVICH
MICHELLE RODRÍGUEZ
ERIC MABIUS
JAMES PUREFOY

Se está efectuando un experimento secreto en una fortaleza inexpugnable situada en las entrañas de la tierra. Allí hay un virus moral, pues convierte a las personas en zombis hambrientos, cómo no, de carne humana. Se trata de un error fatal en el Centro de Investigación La Colmena, organizado por la empresa Umbrella Corporation, un consorcio bio-genético sin rostro.
Un comando militar debe entrar en la Colmena con tal de esclarecer lo sucedido y allí se encuentran a Alice (Milla Jovovich), sumamente despistada, pues ha perdido la memoria. Por fortuna, conserva sus reflejos como experto soldado y es capaz de machacar las cabezas de los zombis sin problemas, incluso cuando no tiene una pistola en sus manos. Ella es tan guapa que no nos extraña que los muertos-vivientes quieran comérsela, incluso sus propios compañeros cuando son contagiados por el virus.

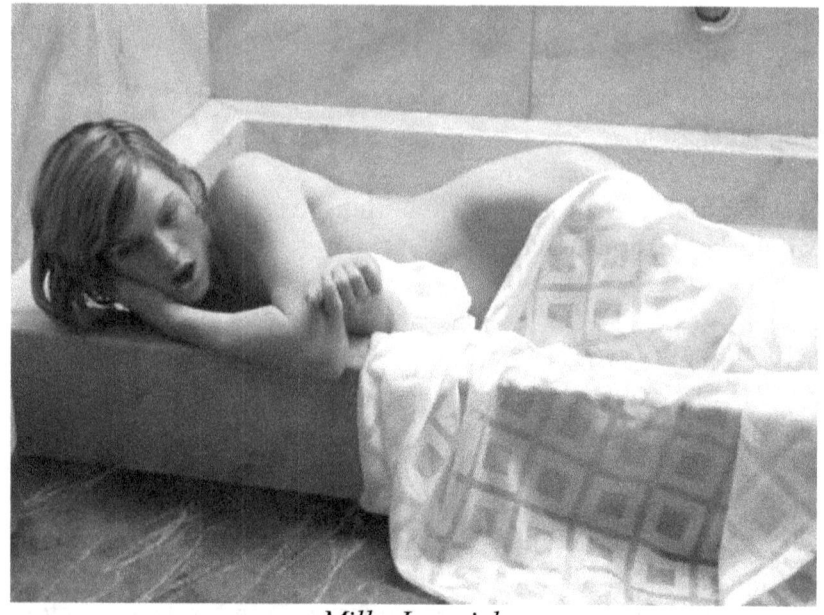

Milla Jovovich

Y así, entre zombi y zombi, nos llevan al espectador a una frenética misión en la cual apenas si tenemos un respiro para reponernos de tanto susto.

Indudablemente se trata de una más que fiel reproducción del juego que ya va por la sexta versión, en la que no falta la sangre y las vísceras, aunque, justo es reconocerlo, el filme fue de lo mejorcito que se había visto hasta entonces.

Diversión y sustos asegurados, además de un ambiente claustrofóbico extraordinario

28 DÍAS DESPUÉS
28 Days Later (2002)

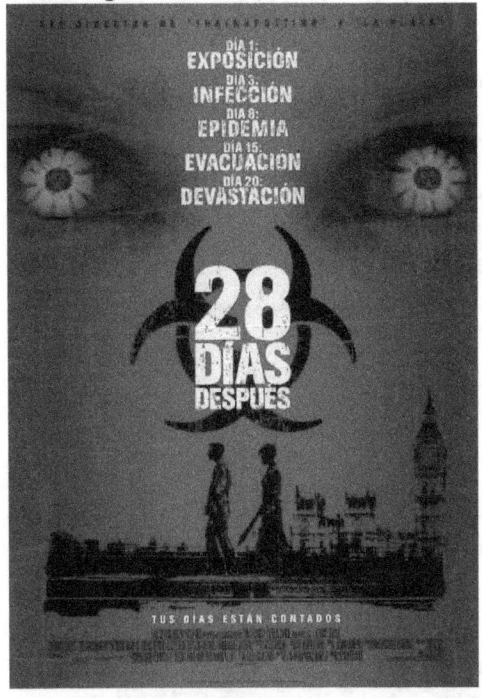

Director: Danny Boyle
Guion: Alex Garland
Música: John Murphy
Fotografía: Anthony Dod Mantle

Intérpretes:
CILLIAN MURPHY: Jim
NAOMIE HARRIS
MEGAN BURNS
BRENDAN GLEESON

Londres, la ciudad que hace tan sólo unos días tenía sus calles abarrotadas, está ahora desierta. Con sus tiendas vacías, muchas saqueadas, allí reina un silencio total solamente roto por el ruido espeluznante que genera una invasión de zombis tras sobrevivir a un virus que acabó con la mayor parte de la población de la Tierra. El origen de la mutación está en un laboratorio, donde un grupo de defensores de los derechos de los animales ocasionó involuntariamente la liberación de un mortífero virus que afectó al comportamiento humano, convirtiendo a los afectados en máquinas de matar, en zombis sin sentimientos.

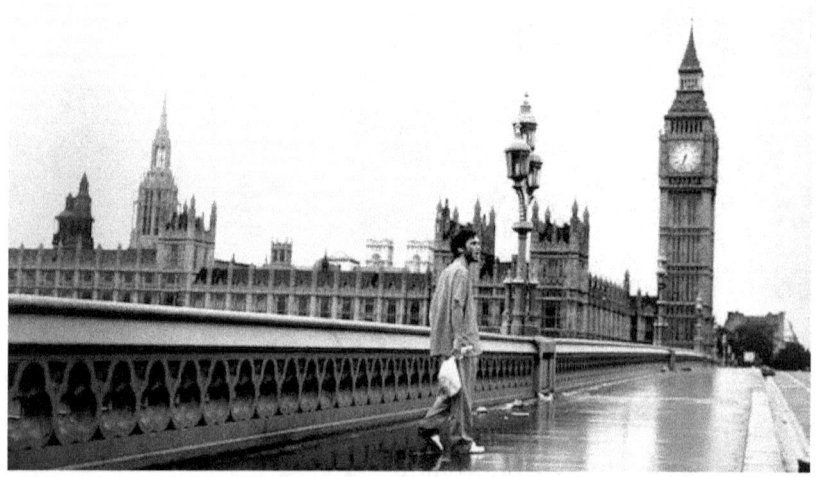

Basada en un Guion de Alex Garland, cuya novela "The Beach" (La playa) ya fue adaptada por Boyle a la gran pantalla con Leonardo DiCaprio como protagonista, este director inglés (autor también de "Trainspotting") se embarca ahora en una apocalíptica película fantástica de terror. Puesto que las historias basadas en una novela poseen al menos un mejor soporte argumental, los personajes y las razones que les mueven son más razonables, llegando a la conclusión de que ahora nos toca vivir una época de total intolerancia. La idea de que la creación de virus sintéticos pueda ocasionar escenas como las aquí contempladas, se nos hace creíble y por ello el horror es más intenso.

Esta producción británica irrumpe con fuerza para competir contra el poderoso mercado norteamericano y lo hace con eficacia, al menos si tenemos en cuenta el gran éxito mundial que tuvo. Adornada con filosofía, escenas para reflexionar y bastante poesía, la influencia europea solamente nos da un respiro justo al final, con un desenlace optimista.

BEYOND RE-ANIMATOR
(2003)

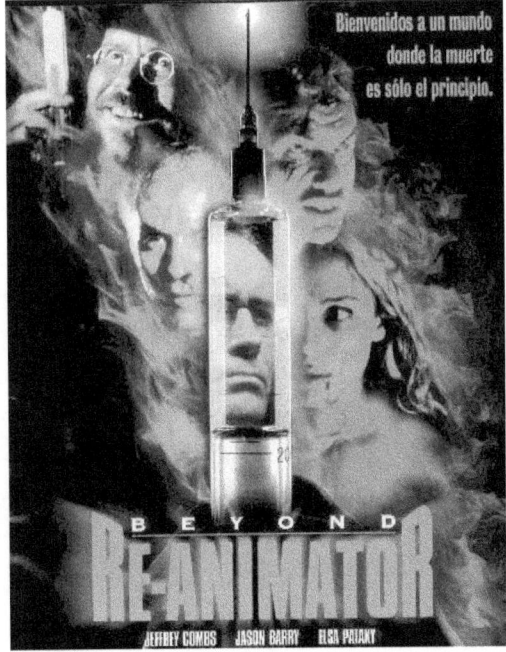

Director: Brian Yuzna

Intérpretes:

JEFFREY COMBS: Herbert
JASON BARRY: Howard
ELSA PATAKY: Laura
SIMÓN ANDREU: alcalde
SANTIAGO SEGURA: Speedball

Hace veinte años Yuzna intervino como productor en el clásico de terror *Re-animator*, y ahora vuelve como director para obsequiarnos con esta truculenta historia de zombis y sexo morboso.

La historia retoma el personaje del Doctor Herbert West, un eminente científico mitad idiota, mitad genio, que cumple condena durante catorce años por ser el causante de la matanza de Miskatonic. Allí hubo de todo, hasta sexo involuntario, con numerosos muertos ocasionados por engendros vueltos a la vida a causa de tanta manipulación.
Para West estos son simplemente accidentes inevitables, pero ahora sigue insistiendo en que a la ciencia no hay quien la pare, y que los locos son precisamente los que están fuera del manicomio.

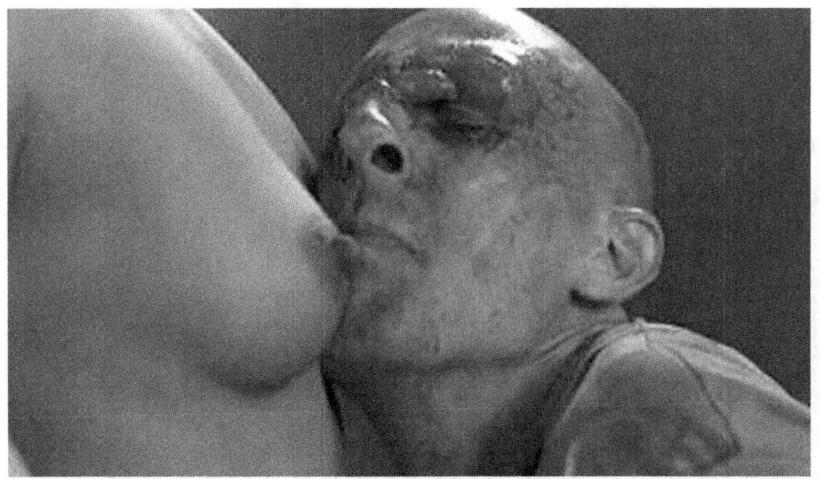

Pero la película no se remonta ni con grúa, y encima nos sacan de nuevo al estruendoso Santiago Segura, convencido de que posee una vis cómica insuperable, lo que nos hace dudar de que tenga espejos en su casa o de que vea sus propias películas.

Lo más acertado comercialmente es el título, no solamente por plagiar una de las novelas de Lovecraft, sino porque pretendió descaradamente confundir al público haciéndole creer que se trataba de una secuela digna de tal nombre. Pero ni la guapa y sexy protagonista, ni los efectos especiales animatrónicos, consiguen que nos entusiasmemos con la película, mucho menos cuando en un alarde de mal gusto nos muestran penes ensangrentados, emparejados posteriormente por los suculentos pechos de las enfermeras.

HOUSE OF THE DEAD
(2003)

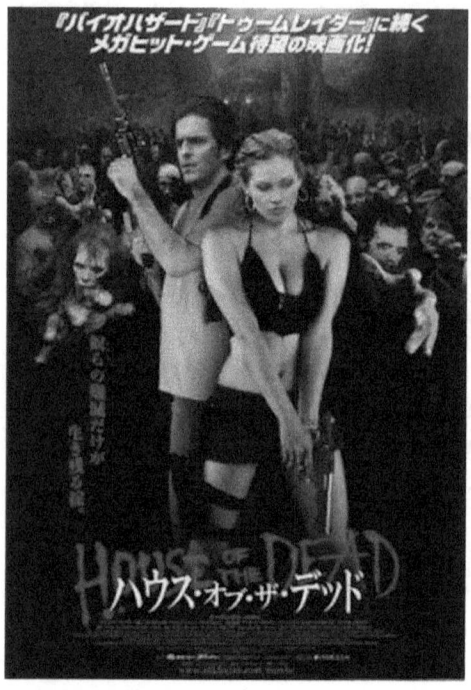

Director: Uwe Boll
Guion: Mark A. Altman y Dave Parker; basado en el videojuego
Música: Reinhard Besser
Fotografía: Mathias Neumann

Intérpretes:
ONA GRAUER: Alicia
JONATHAN CHERRY: Rudy
TYRON LEITSO: Simon
ENUKA OKUMA: Karma

En una isla desierta situada en el estrecho de San Juan, se celebra una gran fiesta, a la que han acudido un grupo de jóvenes en una embarcación alquilada, incapaces de presentir el escenario de horror que está a punto de comenzar. Renombrada con acierto como "Isla de la muerte" por los lugareños, cada sombra presagia el comienzo de una gran masacre en la que los humanos serán las víctimas. Pronto, una legión de muertos vivientes salen de sus tumbas y el único sitio para esconderse es una estructura arquitectónica escondida en la selva conocida como La casa de los muertos, el lugar menos indicado.

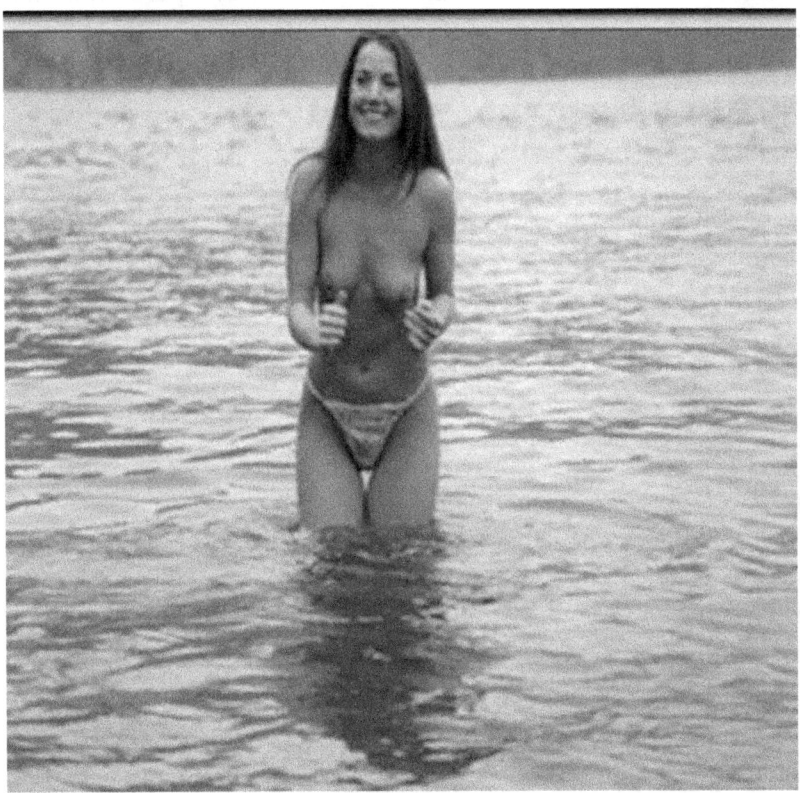

Este argumento, por llamarlo de algún modo, procede de un popular videojuego, por lo que no espere el espectador ningún diálogo que sea digno de tal nombre. El lenguaje de los personajes, posiblemente sacado del manual "Cómo ser estúpido en dos horas", incita a la desbandada incluso de los zombis, ya que los espectadores así lo decidieron en la primera media hora. Al final, cuando aparecen los hombres de negro y miran a la guapa chica, con el cuerpo atravesado por una espada, sangrando y sostenida en pie gracias a los musculosos brazos del único varón superviviente, simplemente la preguntan: "¿Ella está bien?". ¡Jo, con los guionistas! Bueno, no se lo van a creer, pero hubo una secuela.

EL AMANECER DE LOS MUERTOS
Dawn of the dead (2004)

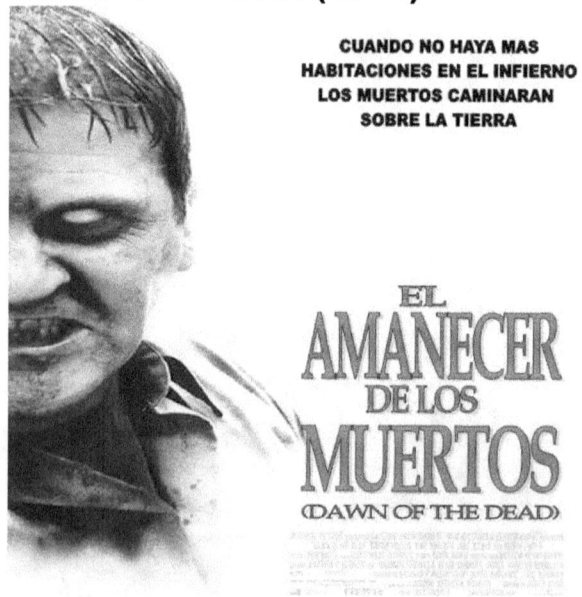

CUANDO NO HAYA MAS
HABITACIONES EN EL INFIERNO
LOS MUERTOS CAMINARAN
SOBRE LA TIERRA

EL
AMANECER
DE LOS
MUERTOS
(DAWN OF THE DEAD)

Director: Zack Zinder
Guion: James Jun

Intérpretes:
SARAH POLLEY: Ana
VING RHAMES: Kenneth
JAKE WEBER: Michael
MEKHI PHIFER: Andre

Adecuado remake de "Zombi", el clásico de George Romero, en donde nos vuelven a recordar que cuando la vida se acabe los muertos caminarán por la tierra. De nuevo, unos pocos humanos, valientes y deseosos de no permitir que los no-muertos les hinquen los dientes, se refugian en un gran centro comercial para sobrevivir. Allí están un oficial de policía, un vendedor de equipos electrónicos, y el vecino de la calle con su embarazada esposa, reforzando puertas y claraboyas para impedir que los zombis entren.

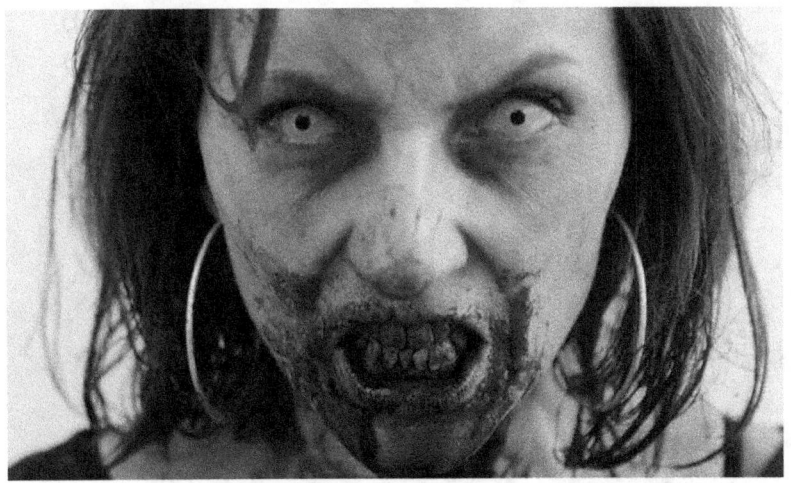

Y el resultado de taquilla fue lo previsto, pues estrenada en 2.745 salas de Estados Unidos recaudó nada menos que 26.722.575 dólares en sólo tres días. Bueno, después de estos tres días la recaudación descendió enormemente, pero ya no importaba, ya que los zombis se habían comido a todos los personajes y no había nada que ver.

RESIDENT EVIL: Apocalipsis
Resident Evil: Apocalipse (2004)

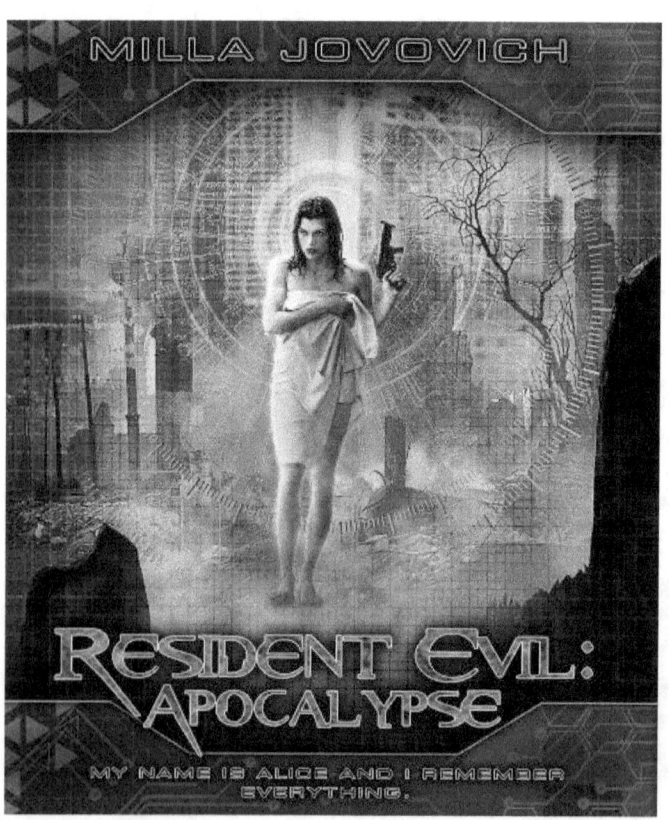

Director: Thomas Witt
Guion y producción: Paul W.S. Anderson

Intérpretes:
MILLA JOVOVICH: Alice
SIENNA GUILLORY: Hill
ODED FEHR: Carlos Rivera
THOMAS KRESTSCHMANN: Cain

Nuestra heroína ha conseguido sobrevivir a la historia anterior y ahora se nos muestra más dura y eficaz si cabe, pues conoce a los muertos como si los hubiera parido.

Comienza a explorar la ciudad en busca de supervivientes, ya que sabe que un nuevo engendro llamado Némesis ha sido creado en un laboratorio.
Este virus mortal es liberado sobre la población de Raccoon City, aunque anteriormente ella ha sido sometida a experimentos que han alterado su genética. Ahora posee fuerza, sentidos y destreza sobrehumana, además de belleza, atributos que le facultan para capitanear la huida de Raccoon City, el lugar más peligroso del planeta.
Por desgracia no todo es cuestión de poner pies en polvorosa, ya que también necesitará luchar contra las fuerzas de la Umbrella Corporation, y las violentas criaturas de bioingeniería creadas en sus laboratorios, unos zombis que asolan la ciudad y que siguen tan hambrientos como siempre, y eso que en la anterior película comieron largamente.
El veterano Witt se une al guionista Paul W.S Anderson, quien también ejerce como productor, para demostrar que el cine de zombis puede ser cada vez un poco más violento, hasta acercarnos una visión apocalíptica del infierno.

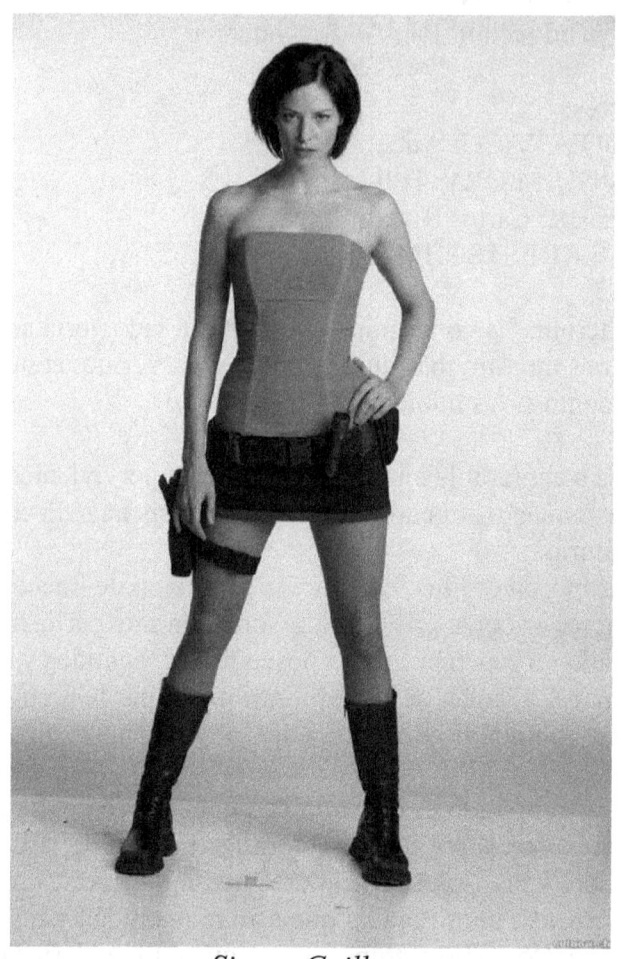

Sienna Guillory

Ambos nos devuelven un género que últimamente había sido tratado con poca fortuna, sacándonos a bestias aún más horrorosas, algunas de las cuales parecen inspiradas en filmes anteriores.

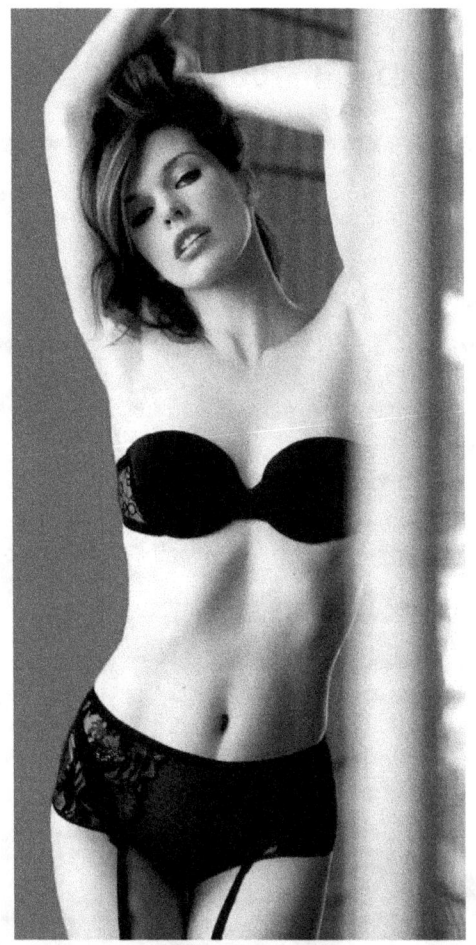

Milla Jovovich

Jovovich está en una forma excelente y lo manifiesta saltando, buceando, desafiando la gravedad, dando patadas al mejor estilo marcial y demostrando en suma que las chicas son cada día más guerreras. Bueno, también hay algo de risa en muchas acciones, pero seguramente no es un defecto, sino un hecho deliberado.

ZOMBIS PARTY
Shaund of the Dead (2004)

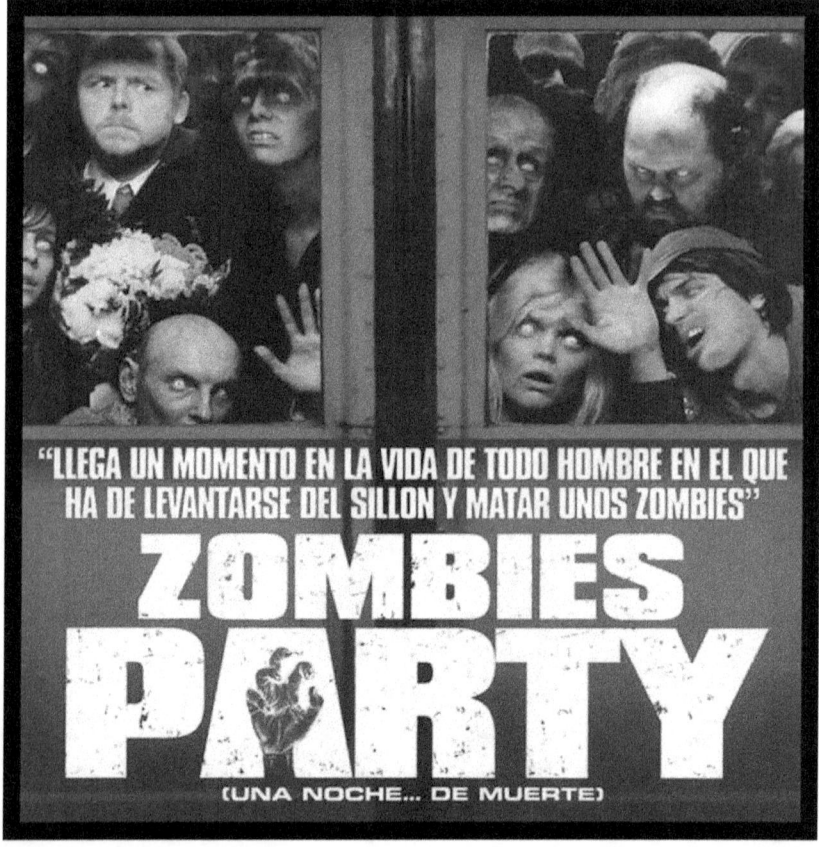

Director: Edgar Wright
Guion: Edgar Wright y Simon Pegg
Música: Daniel Mudford y Pete Woodhead

Intérpretes:
SIMON PEGG: Shaun
KATE ASHFIELD: Liz
NICK FROST: Ed

Simón Pegg y Edgar Wright no son unos desconocidos en el mundo del video juego ni en televisión, siendo autores de la serie de televisión "Spaced", entre otros logros. Suelen ser hábiles con la fotografía y los diálogos, aunque ahora, al contrario que en la serie de televisión, los chistes son menos importantes, y por ello, quienes esperen ver algo parecido a "Zombi" de George Romero, se pueden sentir decepcionados.

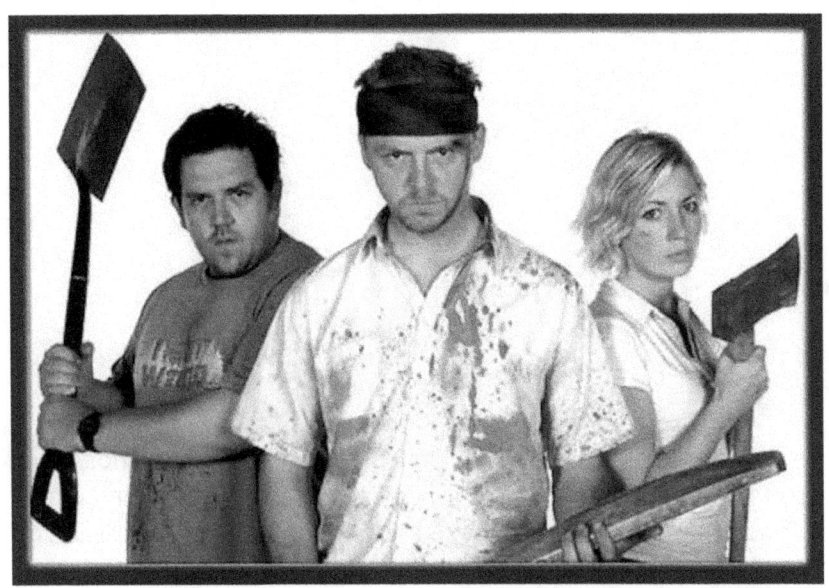

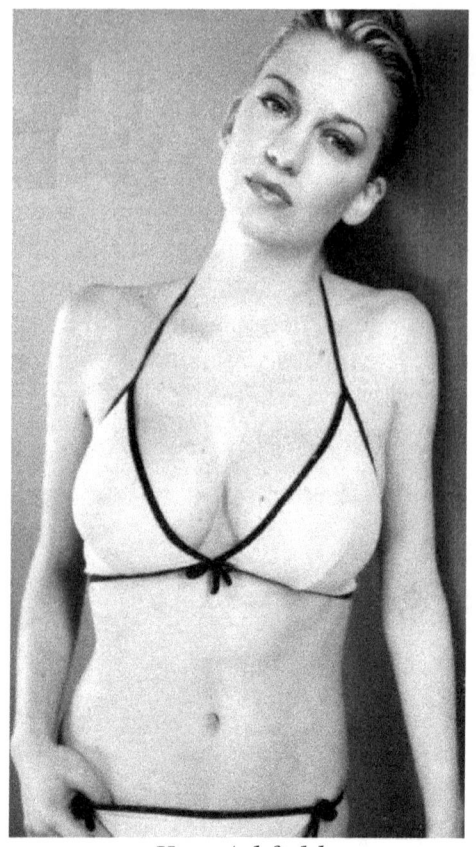
Kate Ashfield

La historia comienza mostrándonos a Shaun, un perdedor, o lo que igual, alguien que intenta empresas condenadas de antemano al fracaso, por lo que se dedica a robar en los callejones oscuros. Su novia Liz se exaspera por su falta de ambiciones y decide dejarle, y como resultado Shaun piensa que ha llegado casi el fin del mundo. Bien, la chica no era para tanto, pero al menos era más guapa que cualquiera de los zombis que comienzan a salir, convirtiéndose ya en una plaga.

94

LAND OF THE DEAD
(2005)

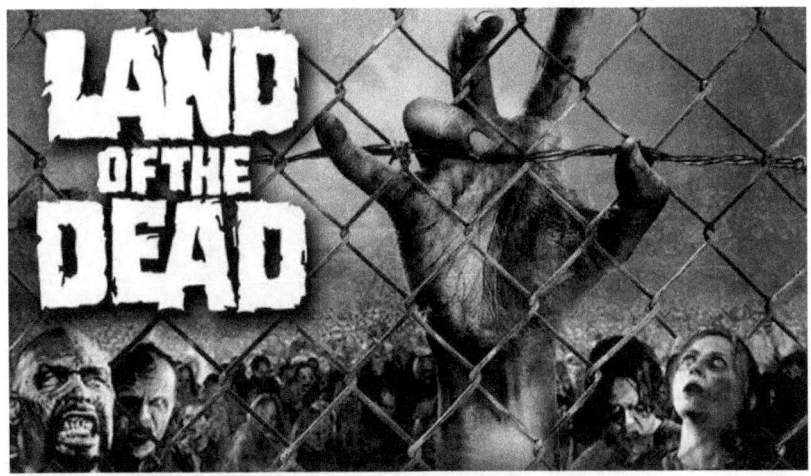

Guion y dirección: George A. Romero

Intérpretes:
PEDRO MIGUEL ARCE: Pillsbury
ASIA ARGENTO: Snack
BOYD BANKS: Zombi
DENNIS HOPER

Han pasado ya muchos años desde la historia narrada en "El día de los muertos", pero ahora los zombis han conseguido volver a dar guerra sin que nadie sepa cómo lo han logrado. Los humanos son conscientes de la inutilidad de aniquilarles, pues basta un solo superviviente para que el horror continúe propagándose. La única solución es concentrarse en lugares fortificados, donde poder vivir una existencia casi normal.

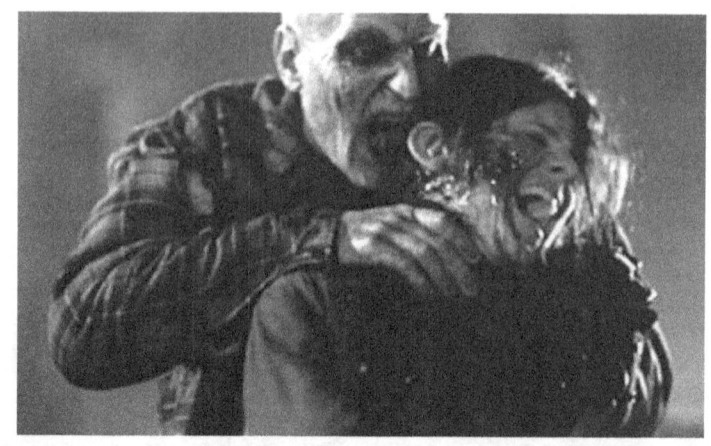

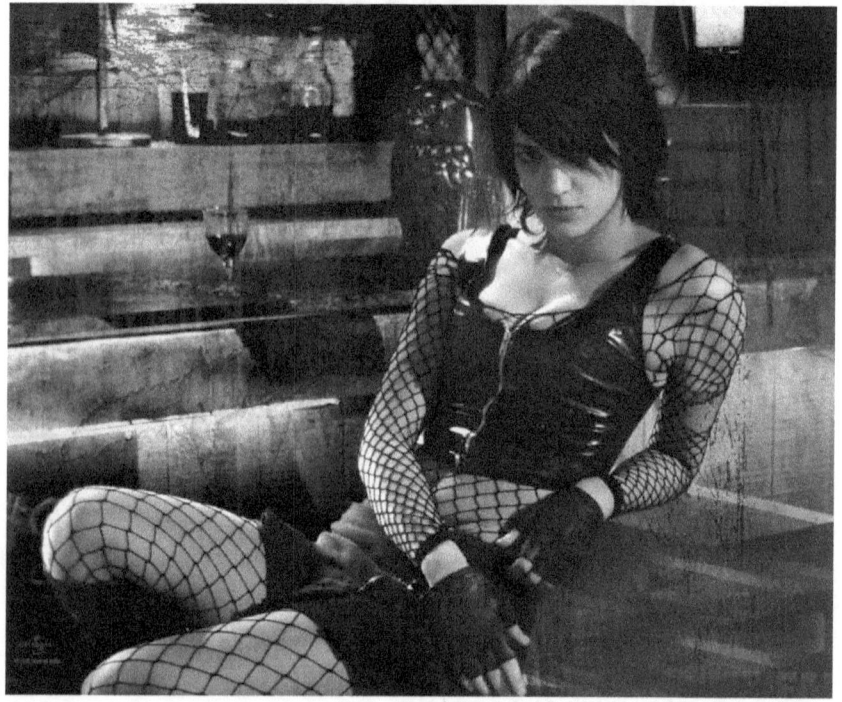

Asia Argento

Protegiéndose mediante un vehículo blindado, denominado Dead Reckoning, dotado de una artillería y potencia de fuego demoledora, su seguridad parece estar a toda prueba.

Romero ha reconsiderado su propósito de abandonar definitivamente el cine de zombis, y alentado por el remake *El amanecer de los muertos* nos introduce en una historia similar a las anteriores, aunque con mayor acierto y seriedad, si ello era posible. Lo que no sabemos es lo que pinta en este filme Dennis Hoper, aunque seguramente es que se equivocó de plató.

28 SEMANAS DESPUÉS
2007

British-española

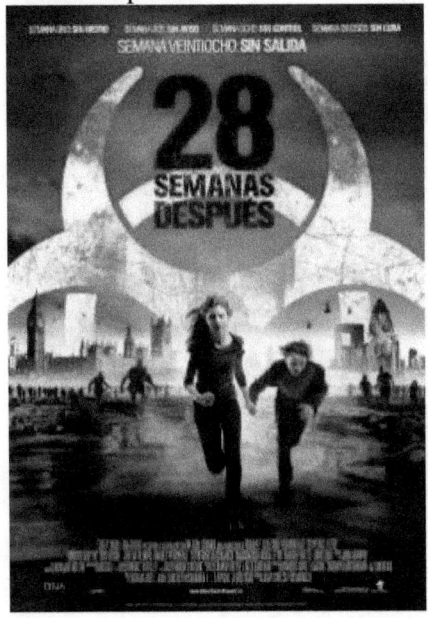

Dirección y Guion: Juan Carlos Fresnadillo

Intérpretes:
Robert Carlyle
Rose Byrne
Jeremy Renner

Secuela del éxito comercial de *28 días después*, rodada en los estudios 3 Mills de Londres y algunas escenas en el estadio de Wembley. La trama nos narra la vida de Don y Alice durante un brote de rabia, con los infectados matando a la mayoría de los supervivientes, aunque después de cinco semanas todos los infectados han muerto de hambre. Las fuerzas de la OTAN encabezadas por los EE.UU. toman el control y después de dieciocho semanas la isla se declara relativamente segura, aunque todavía en cuarentena, y la repoblación comienza.

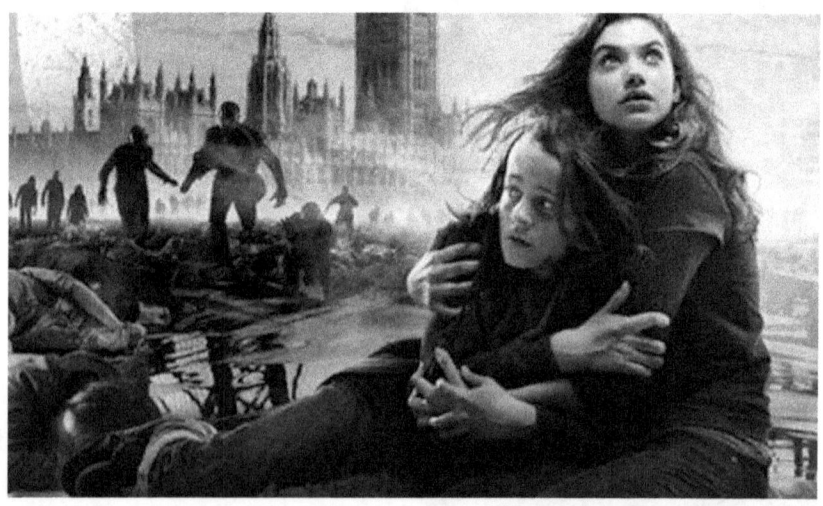

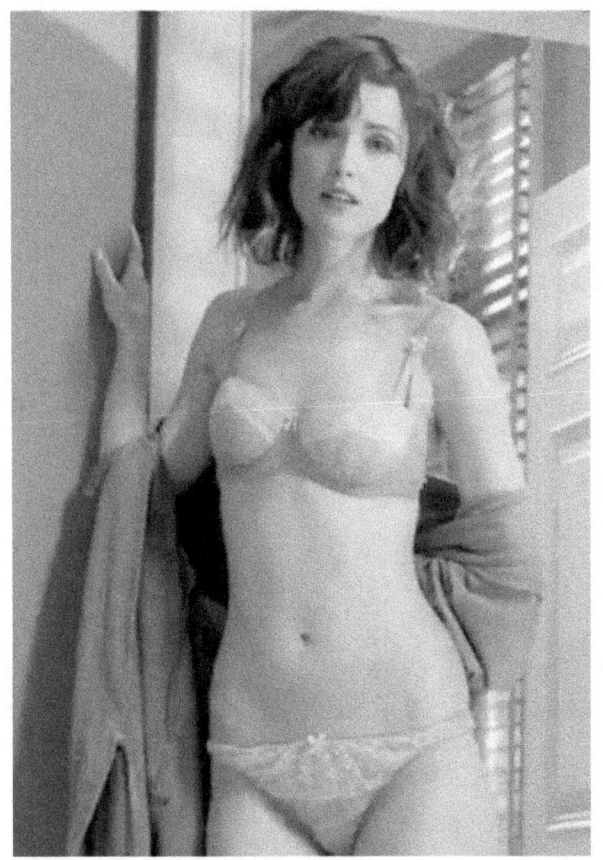
Rose Byrne

Esta coproducción española es un más que loable intento de internacionalizar el nombre de España. Hay un guion acertado, bastante protagonismo a los no infectados, y la adecuada sensación agobiante por la tesis apocalíptica. Con acción en ciertos momentos excesiva, nos involucra rápidamente en la historia.

SOY LEYENDA
2007

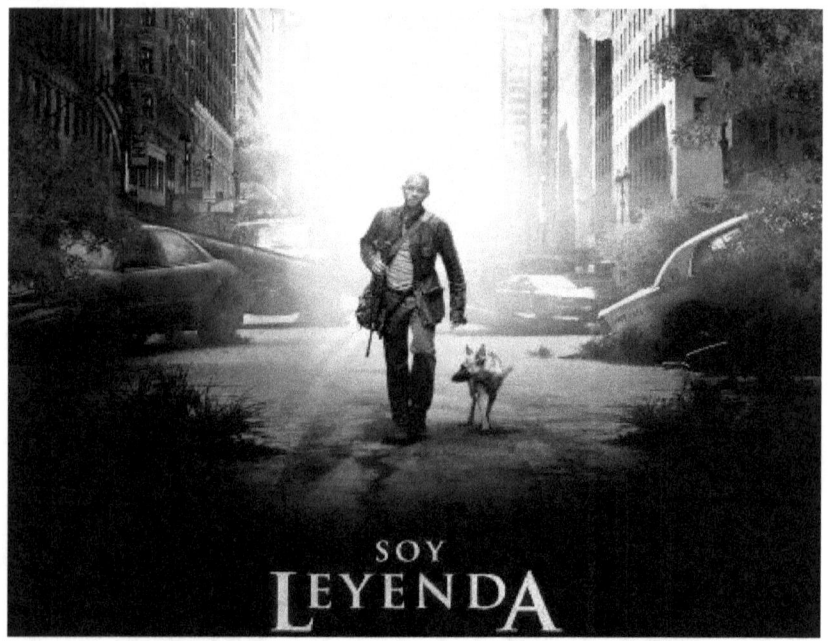

Director: Francis Lawrence

Intérpretes:
Will Smith
Alice Braga
Emma Thompson
Salli Richardson

Esta nueva versión de *El último hombre en la tierra*, es igualmente catastrofóbica, intrigante y poco sorpresiva, pues aunque nos conocíamos el argumento quizá esperábamos, por fin, un final feliz. Nuestro protagonista, un virólogo de nombre

Robert, inmune a la enfermedad, se nos muestra adaptado a la soledad y aunque las esperanzas de encontrar gente sana son pocas, intenta encontrar una fórmula que vuelva a las personas a su estado original, libres de esa maldición que les ha condenado a la oscuridad y a una vida de mutantes vivientes.

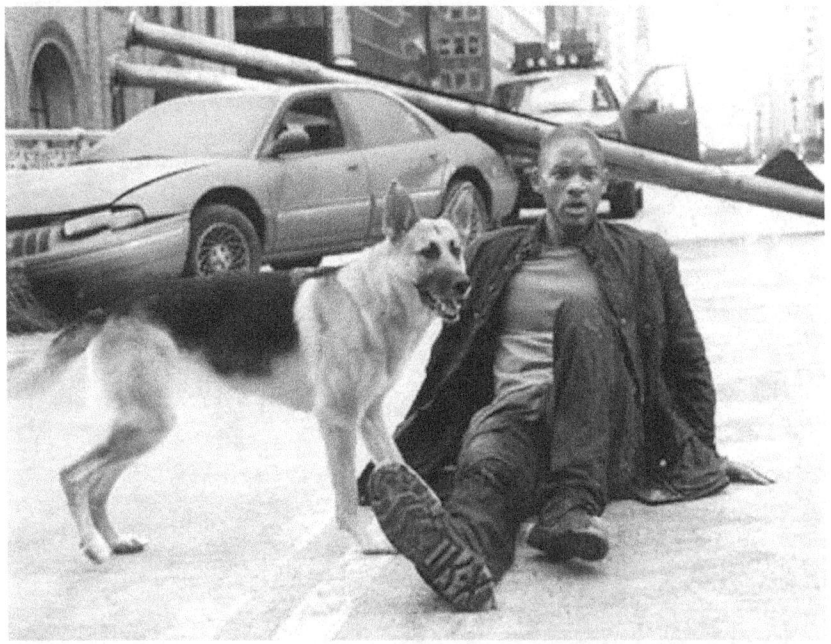

La Warner Bros comenzó a desarrollar *I Am Legend* en 1994, y varios actores y directores se unieron al proyecto, aunque la producción se retrasó debido a problemas presupuestarios relacionados con el guion.

La producción comenzó en 2006 en la ciudad de Nueva York, y se incluyó una escena rodada en el puente de Brooklyn que costó 5 millones. Los actores Tom Cruise, Michael Douglas y Mel Gibson fueron excluidos como protagonistas, lo mismo que el director Ridley Scott. Hasta el propio Arnold Schwarzenegger fue tenido en cuenta.

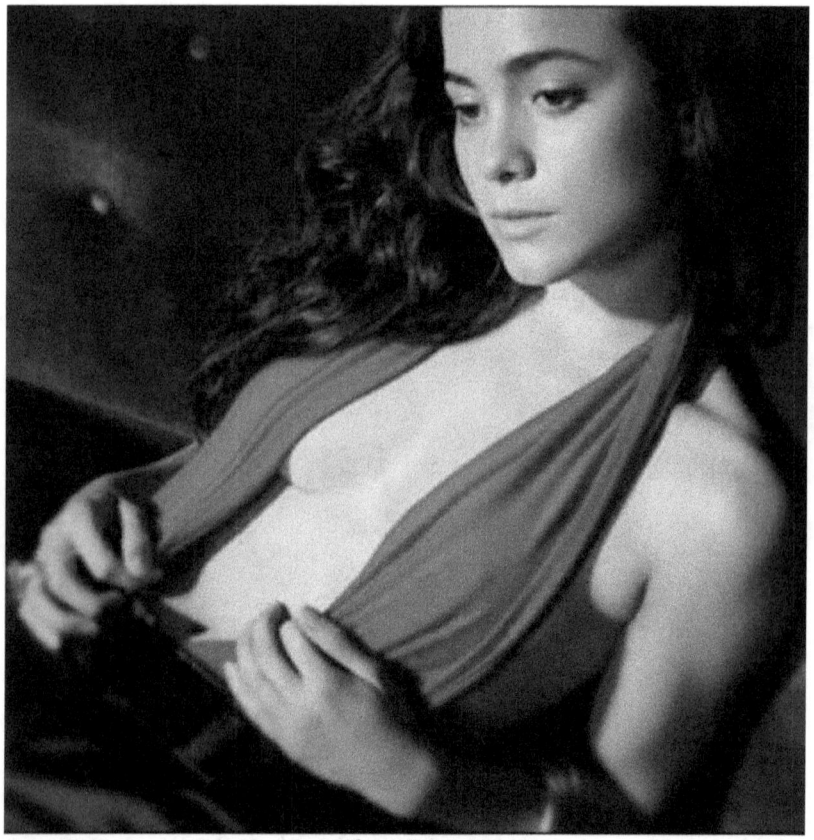

Alice Braga

La versión de Scott/Logan de *Soy leyenda* era una mezcla de acción de ciencia ficción y thriller psicológico, sin diálogos en la primera hora y con un final sombrío

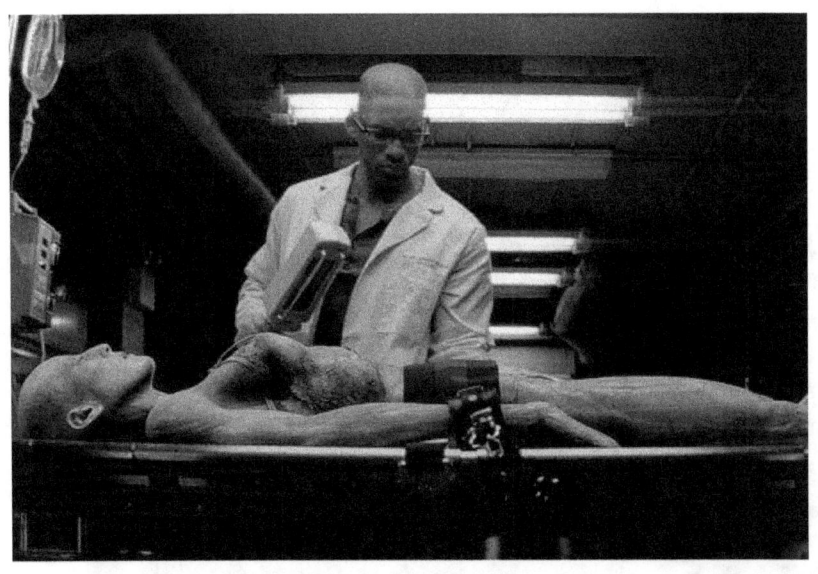

Soy leyenda fue estrenada el 14 de diciembre de 2007 en los Estados Unidos y Canadá, y fue la película más taquillera estrenada en diciembre, antes de navidad. Recaudó 256 millones de dólares a nivel nacional y 329 millones a nivel internacional.

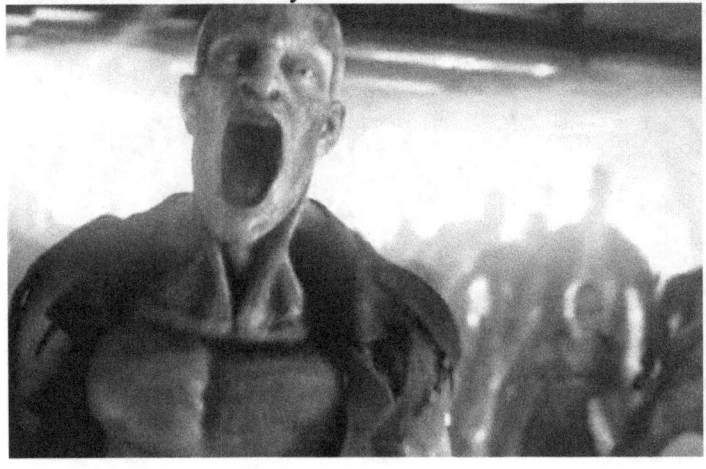

I AM OMEGA
(2007)

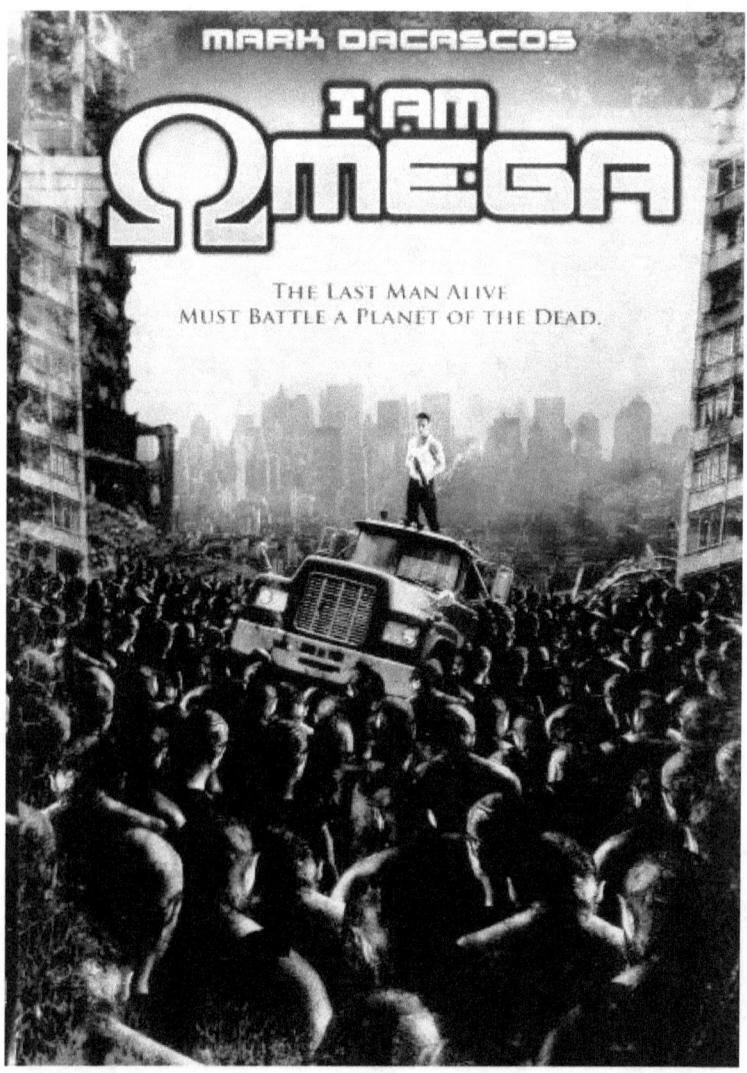

Director: Griff Furst
Guion: Geoff Meed

Intérpretes:
Mark Dacascos
Jennifer Lee Wiggins

Este remake de *El último hombre en la tierra,* pasó directamente al mercado del DVD y suponía una adaptación de la novela de Pichard Matheson. El protagonista es un veterano artista marcial que, en esta ocasión, debe probar sus patadas contra los zombis.

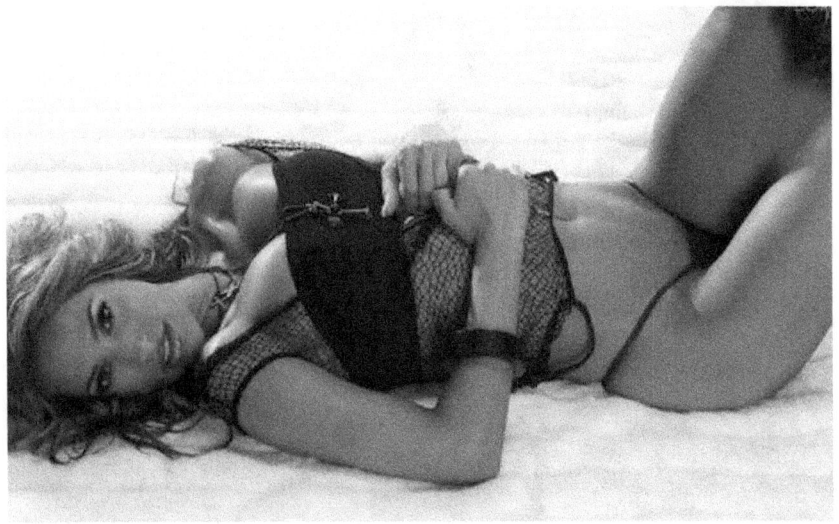

Jennifer Lee Wiggins

EL DIARIO DE LOS MUERTOS

Diary of the Dead (2007)

95 minutos

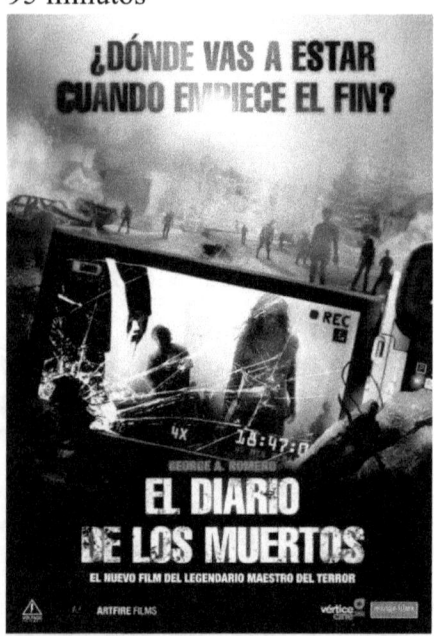

Director: George A. Romero

Intérpretes:

Joshua Close

Michelle Morgan

George Buza

El Diario de los Muertos es una película de terror dirigida por George Romero de forma independiente, la quinta de la saga de zombis.

Un grupo de jóvenes estudiantes de cine ruedan una película en un bosque, donde descubren que la muerte ha cobrado vida. Montados en una camioneta, y sin dejar de filmar ni un minuto de lo que les ocurre, recorren las carreteras de Pensilvania con el objetivo de llegar a sus hogares, pero después de algunos intentos se dan cuenta de que para ellos ya no hay ningún lugar seguro.
La película no era muy buena, pero aun así tuvo una secuela.

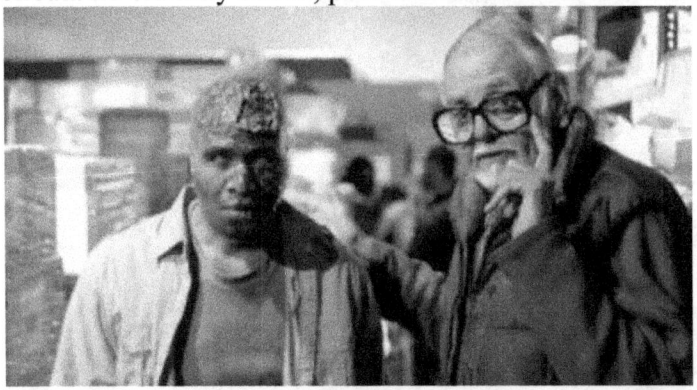

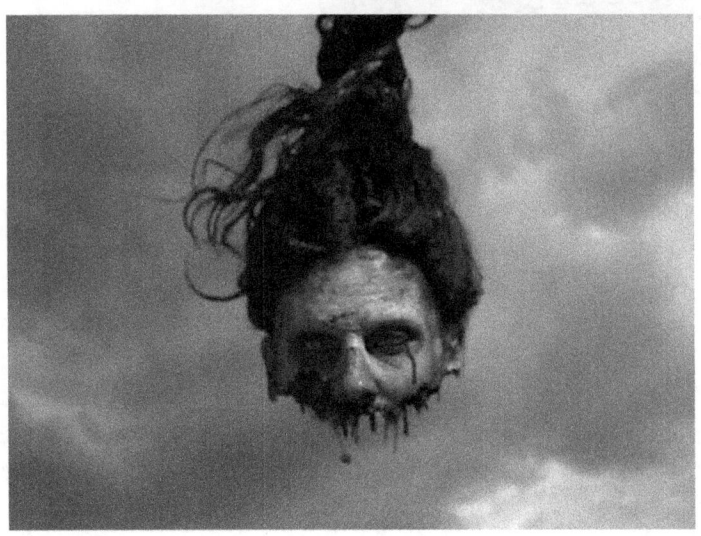

REC
2007

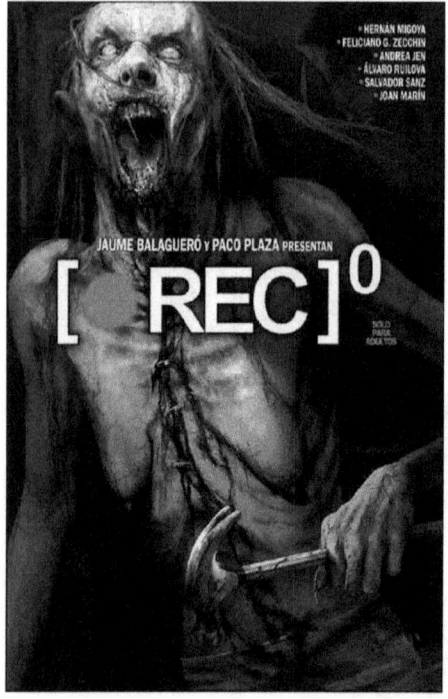

Director: Jaume Balagueró y Paco Plaza.

Ganó un premio a la mejor película en el festival de Sitges

Rodada como un falso documental, nos lleva cámara al hombro y de la mano de una periodista, hasta una estación de bomberos para rodar cómo viven. Su deseo es que ocurra algo importante, de lo cual puedan ellos ser los protagonistas y los narradores. Su anhelo se cumple, pero entonces desearían estar en sus casas comiendo tranquilamente y no en esa pesadilla de bomberos. Y es que los virus son muy malos y ahora les da por convertir a los humanos en puros zombis, en lugar de contagiarles sencillamente una gripe.

REC 2 (2009)

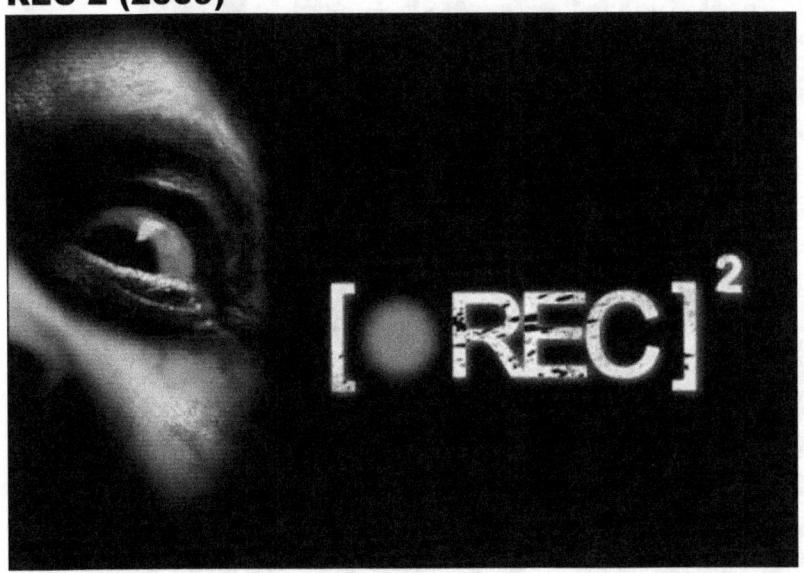

REC 3 Génesis (2012)

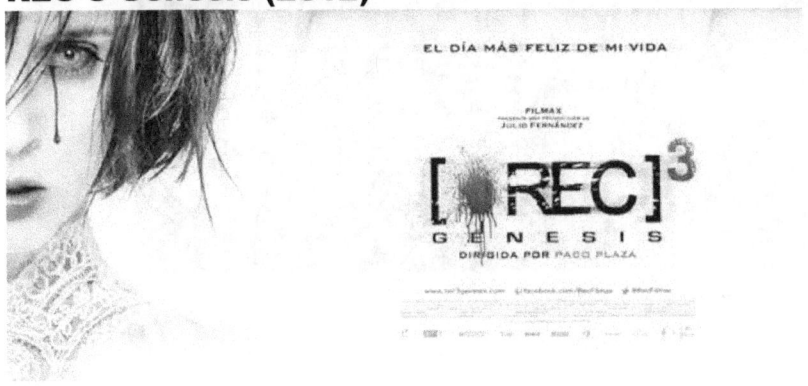

REC 4 APOCALIPSIS
2014

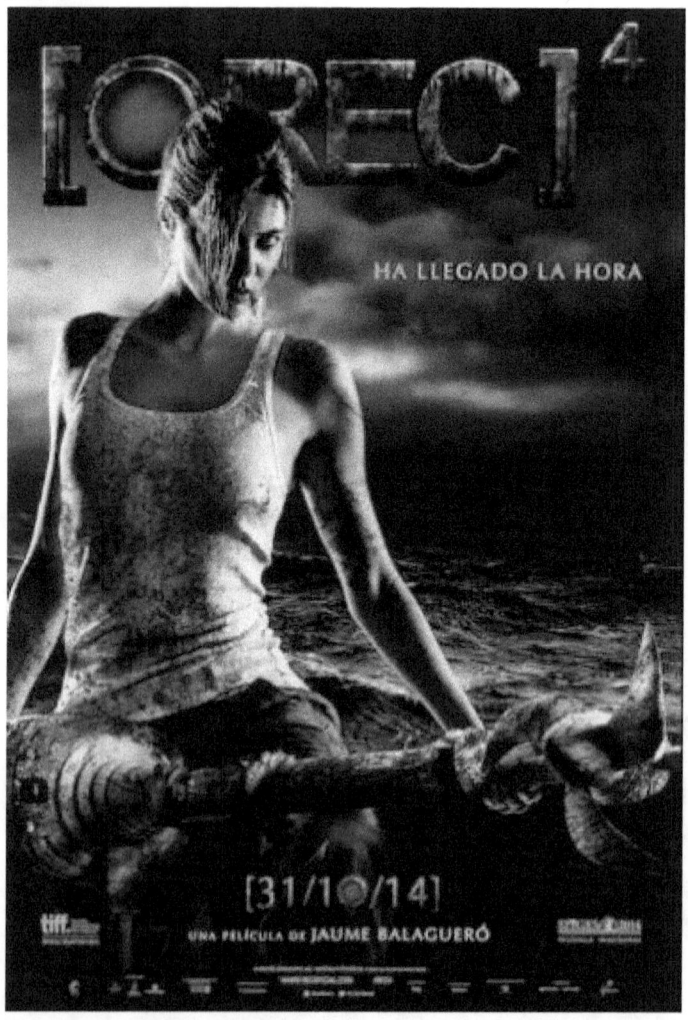

Director: Jaume Balagueró

Intérprete:
Manuela Velasco

Retitulada en algunos países como *Apocalypse,* es la cuarta y última entrega de la saga *REC,* aunque supone una continuación argumental de *REC 2.* La película se estrenó en el Festival Internacional de Cine de Toronto y acudió al festival de Cine de Sitges en 2014.

La historia comienza con una unidad del Ejército de Tierra colocando cargas de demolición en un edificio para buscar a la única superviviente. Pero entonces aparecen los infectados y el terror comienza.

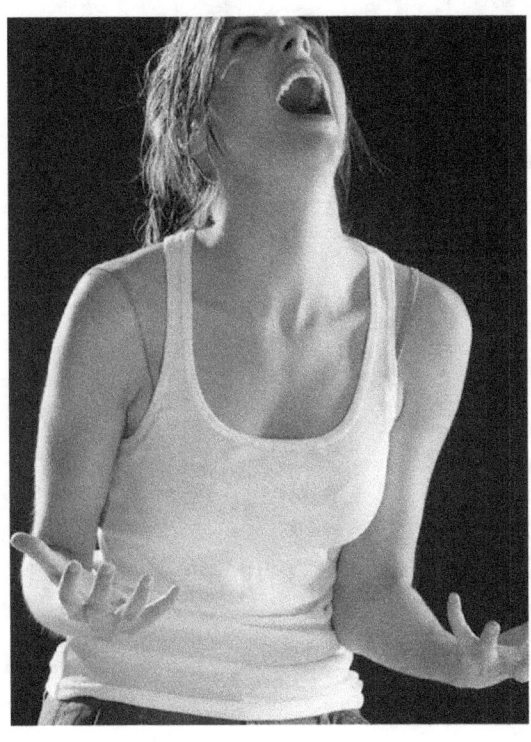

PLANET TERROR

Grindhouse

(2007)
95 minutos

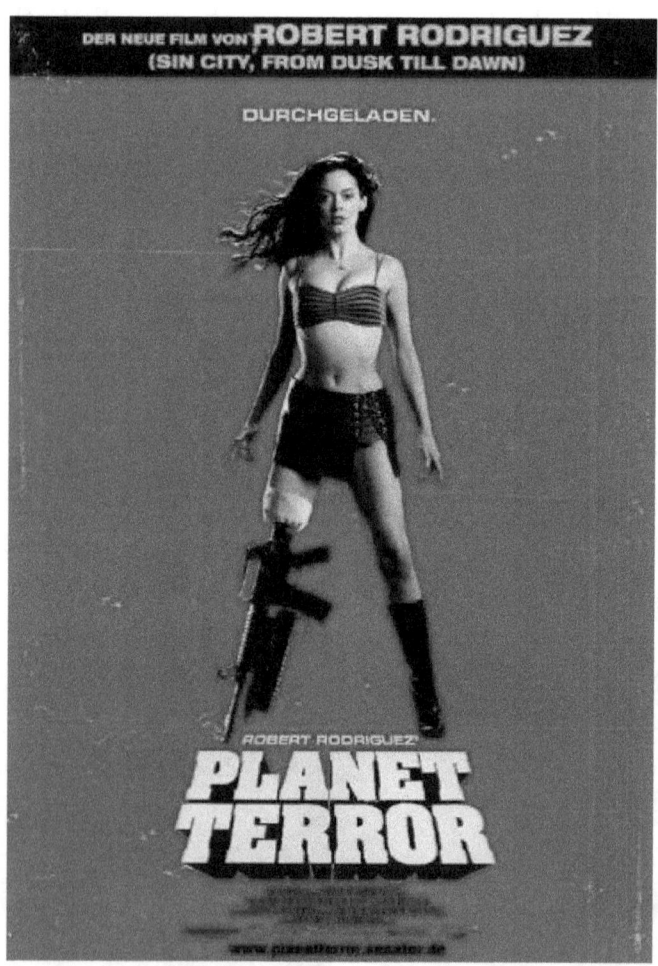

Dirección y guion: Robert Rodríguez

Intérpretes:
Freddy Rodríguez
Bruce Willis
Rose McGowan
Josh Brolin
Quentin Tarantino

Indudablemente, la película no le dejará indiferente, y eso que no sabrá si reír o temblar.

Planet Terror nos cuenta la historia de un grupo de personas que intenta sobrevivir a un ataque de criaturas con aspecto de zombi. Cuando las personas son mordidas se transforman a su vez en criaturas hambrientas, lo que obliga a los aún no contagiados a refugiarse en una base militar, incluyendo entre los supervivientes a una go-go que busca una manera de aplicar sus talentos.

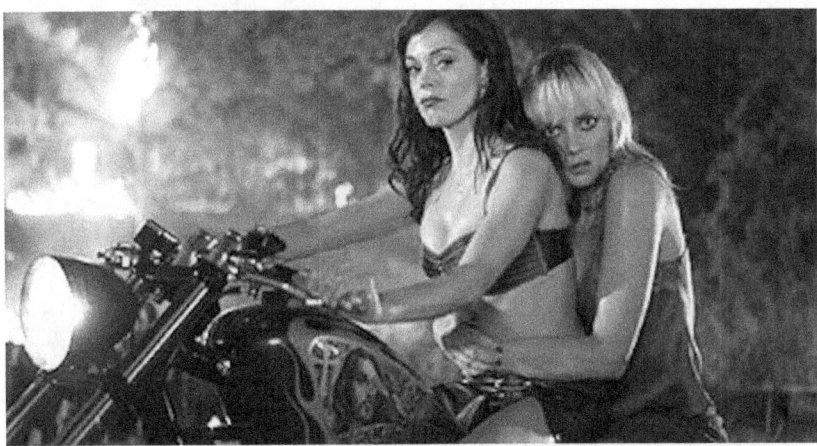

El filme, pues, es un tributo al género zombi, y fue exhibida conjuntamente con el filme *Death Proof*, con el objetivo de realizar un homenaje a las sesiones dobles que caracterizaba el cine de antaño.

Lo imposible en este filme es aburrirse. Tan serie B es, que nos lleva al pasado desde los primeros minutos. Es un cine gore de antes, con zombis, estereotipos, y posee claras influencias de John Carpenter, George A. Romero, y Lucio Fulci, en lo bueno y en lo malo. Parece que deliberadamente se hayan incluido errores para darle el mayor parecido a las películas de terror de antes. Hasta se han incorporado las rayas que tenía antes el celuloide a los pocos minutos de proyección.

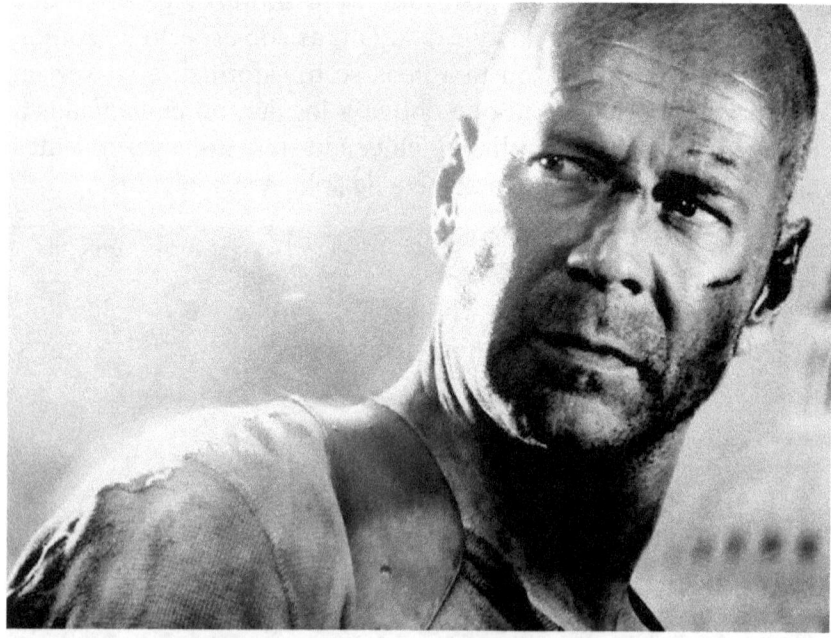

Además, ahí están Bruce Willis y Quentin Tarantino para apoyar con su presencia tan extraño y acertado filme.

La historia se mueve entre el amor y el horror, y la comicidad. Hay un químico que le gusta jugar con los gases peligrosos, hasta que las personas se convierten en zombis. Después carreras, mucha sangre, balas en abundancia y chicas más guapas que los zombis, lo que agradecemos.

Bruce Willis como general del ejército infectado, y Tarantino con un papel divertido de apoyo, además de la música del propio Rodríguez; todo encaja maravillosamente en la acción.

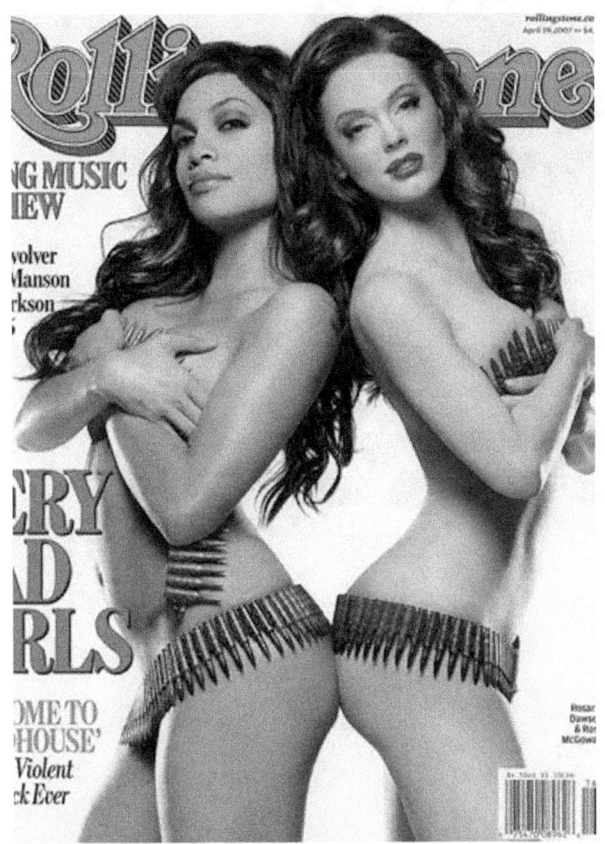

EL BAILE DE LOS MUERTOS

Dance of the dead

2008

87 minutos

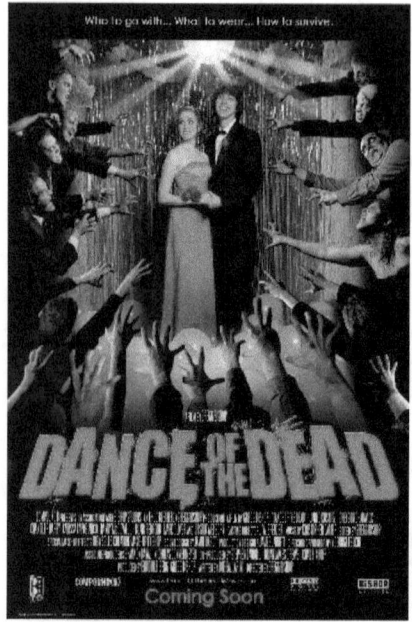

Director:
Gregg Bishop
Guion:
Joe Ballarini

Intérpretes:
Jared Kusnitz
Greyson Chadwick

Segundo largometraje de Gregg Bishop, que consigue mezclar dos subgéneros como el cine de terror y la comedia de jóvenes descerebrados, en este caso con lógica.

Durante un baile de estudiantes el día de la graduación, los muertos vivientes se levantarán de sus tumbas para devorar a todos. Los únicos que podrán frenarlos serán unos cómicos estudiantes que se salvaron porque no encontraron pareja para acudir al baile.

Indudablemente, una muy divertida película, pero no le pidan más que eso.

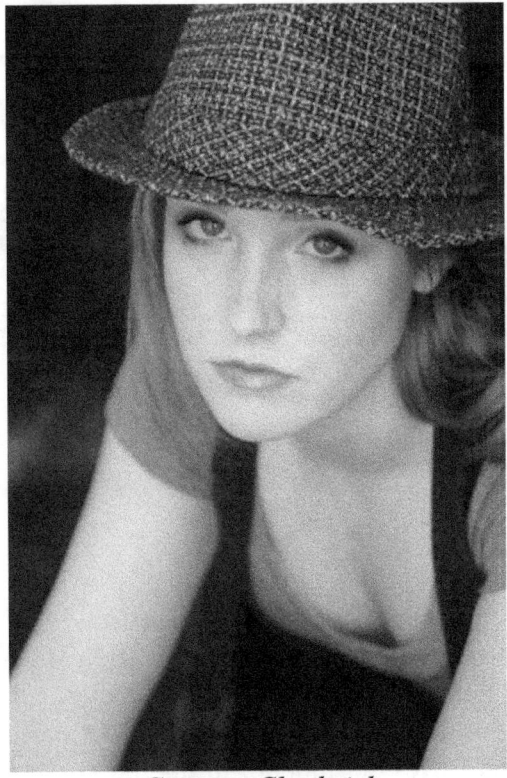

Greyson Chadwick

ZOMBI STRIPPERS
2008

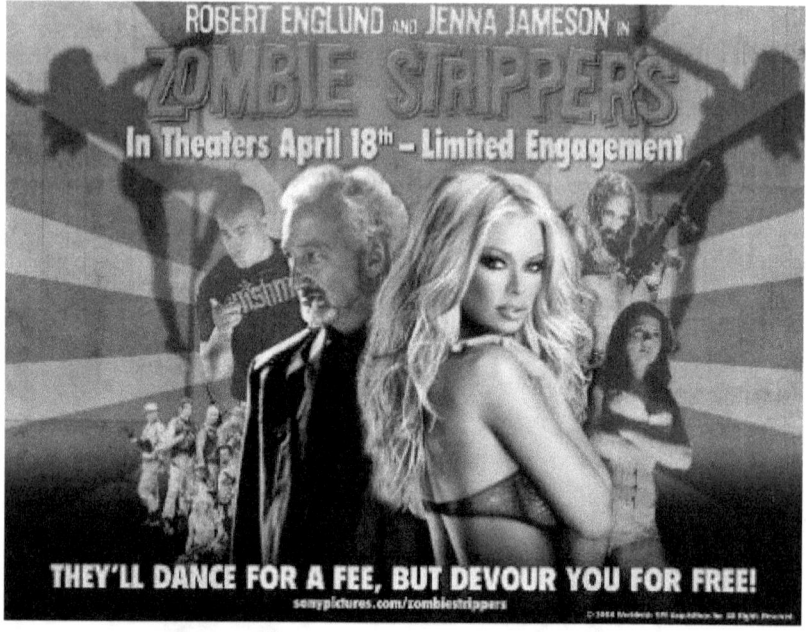

Dirección y Guion: Jay Lee

Intérpretes:
Robert Englund
Jenna Jameson

Basada en el video juego *Rhinoceros,* un clásico, nos habla de un futuro cercano con George W. Bush elegido de nuevo como presidente en un congreso disuelto.
Se prohíben los desnudos y los EE.UU. están en guerra con la mayoría de los países del mundo, lo que no nos extraña porque esta prohibición cabrea mucho a todos.

El sexo duro se practica, sin embargo, en un club de striptease que ha visto días mejores, pero la censura le hace perder tanto dinero al dueño que busca el medio de recuperarlo.

Cuando por fin consigue el tráfico de gente que siempre ha querido... una nueva desgracia aparece: la mayoría de sus clientes son no-muertos. Así que los clientes no saben si hacer el amor con las chicas o romperles la cabeza. Quizá mejor empezar por lo último, por si acaso.

Si les motiva ver de nuevo a nuestro amigo Freddy Krueger, pues acuda, en caso contrario, mejor se da un paseo por el campo.

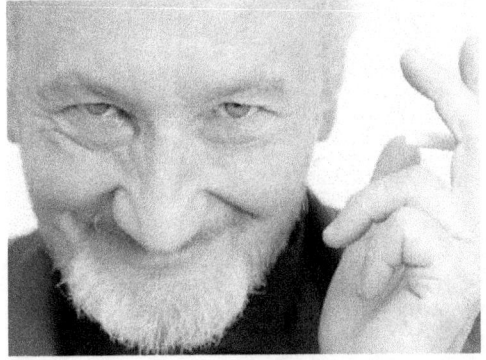

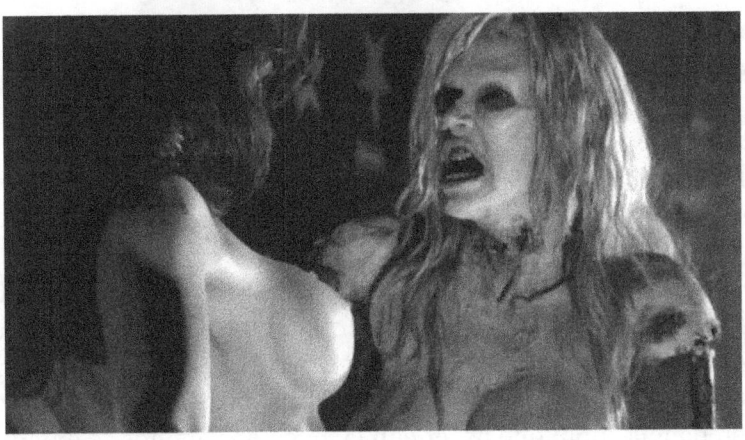

DEADGIRL
2008

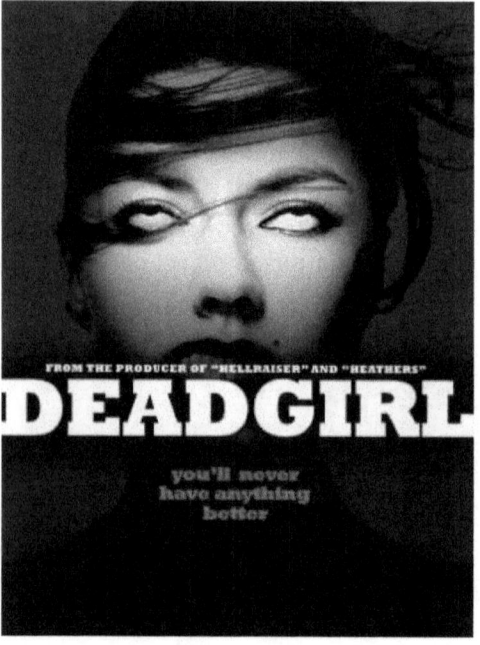

Director: Marcel Sarmiento
Guion: Trent Haaga

Intérpretes:
Shiloh Fernández
Noé Segan

Dos ingenuos estudiantes de secundaria, ávidos de conseguir a las guapas chicas de su clase, deciden hacer novillos e irse a un hospital psiquiátrico abandonado. Descubren una mujer muda, desnuda, en el sótano, encadenada a una mesa y ante la discrepancia sobre qué hacer con la chica, los amigos se enfadan.

Cuando vuelven, la chica se ha convertido en un zombi, guapa, pero hambrienta.

Para algunos, la película es algo distinto y, por tanto loable. En apariencia es un drama de adolescentes con escenas de terror, pero luego insiste en dar toques de psicología conductista, mostrando lo peor del ser humano, su vileza y podredumbre.

No obstante, como lo miramos desde el cómodo asiento del espectador, no nos sentimos involucrados ni recriminados.

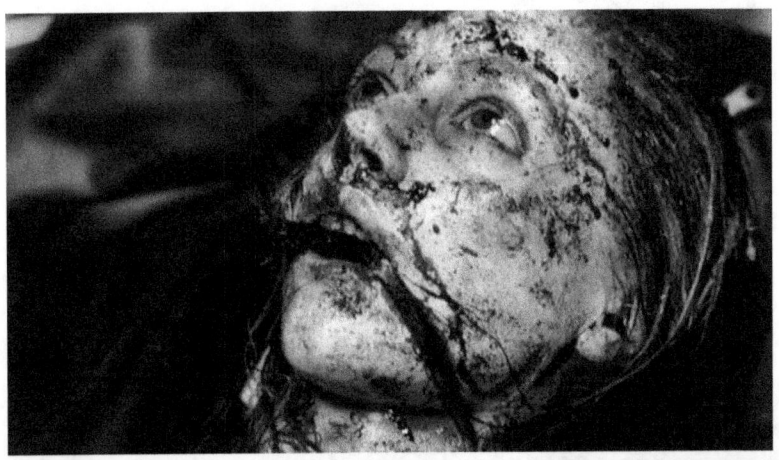

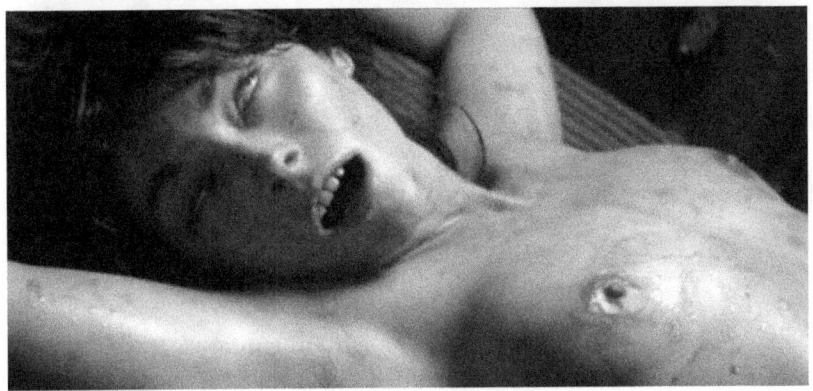

ZOMBIS NAZIS
Dead Snow
2009

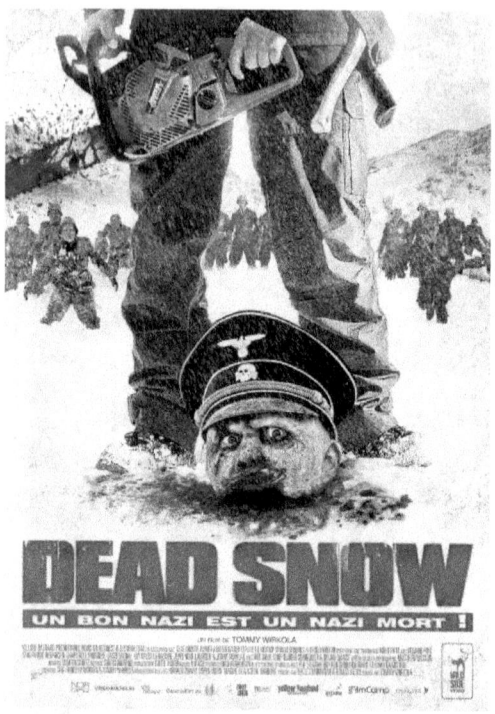

Director y guionista: Tommy Wirkola

Intérpretes:
Vegar Hoel
Charlotte Frogner

Varios amigos salen de su choza situada en las montañas, a pasear, y su paz es pronto interrumpida por un misterioso anciano,

122

quien les advierte de una maldición local. Les cuenta que durante la ocupación alemana de ese lugar, los invasores nazis fueron brutales en sus métodos de control. La leyenda habla de la revuelta de los aldeanos que los condujo hacia las montañas, frías y oscuras, donde perecieron, lo que no fue cierto. Pronto los rumores hablaron insistentemente de su regreso en forma de zombis, por supuesto, muy malos y hambrientos.

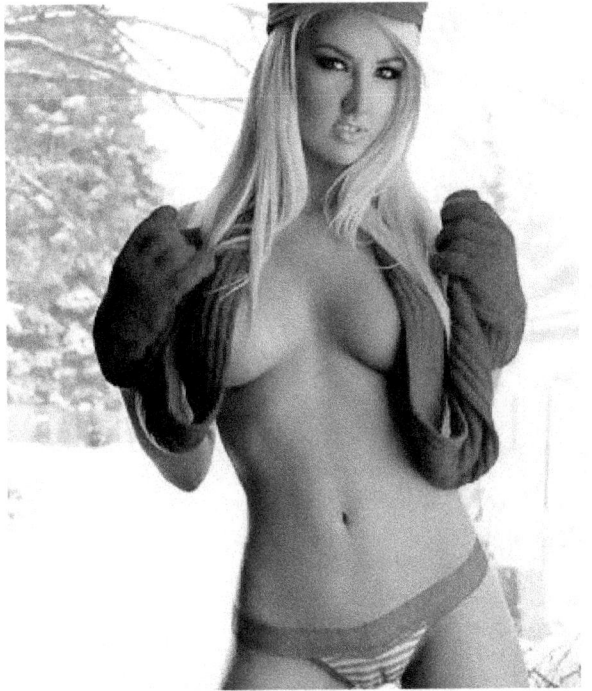

Charlotte Frogner

A disfrutar amigos con esta película noruega (tuvo una igualmente delirante secuela en 2014), pues el buen sentido del humor no empaña las escenas terroríficas de los zombis vestidos aún con sus trajes alemanes de la Segunda Guerra Mundial.

BIENVENIDOS A ZOMBILAND
Zombiland (2009)
88 minutos

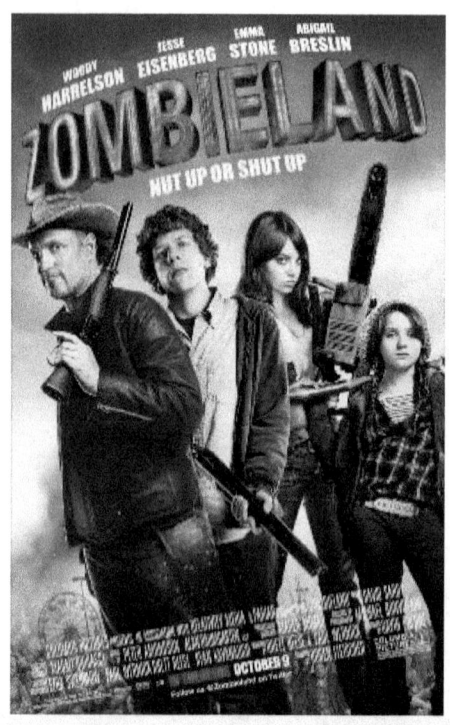

Director:
Ruben Fleischer

Intérpretes:
Josse Eisenberg
Emma Stone
Woody Harrelson

Un tímido estudiante trata de volver a su casa en Ohio, y se une a un duro pistolero que intenta encontrar el último Twinkie, un pastelillo relleno de crema. Pronto aparecen un par de hermanas que quieren llegar a un parque de diversiones para unir fuerzas, pues la invasión de los zombis ha puesto a América en estado de alerta.

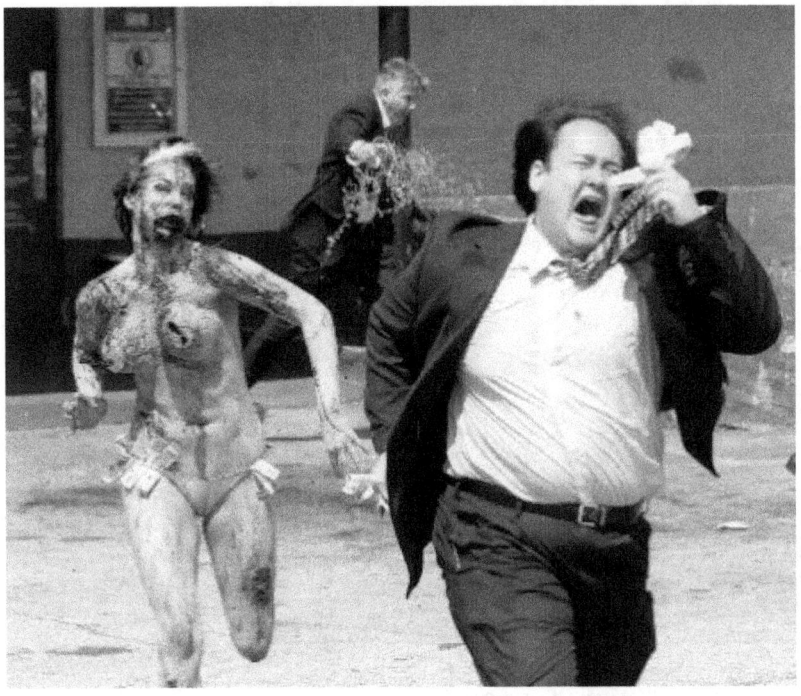

La película tuvo buena acogida por parte de los críticos, ganó el Gran Premio del Público en la edición del año 2009 del Festival de Cine de Sitges, y se convirtió en un éxito comercial ganando más de 60.8 millones de dólares en diecisiete días en EE.UU.

SURVIVAL OF THE DEAD
2009

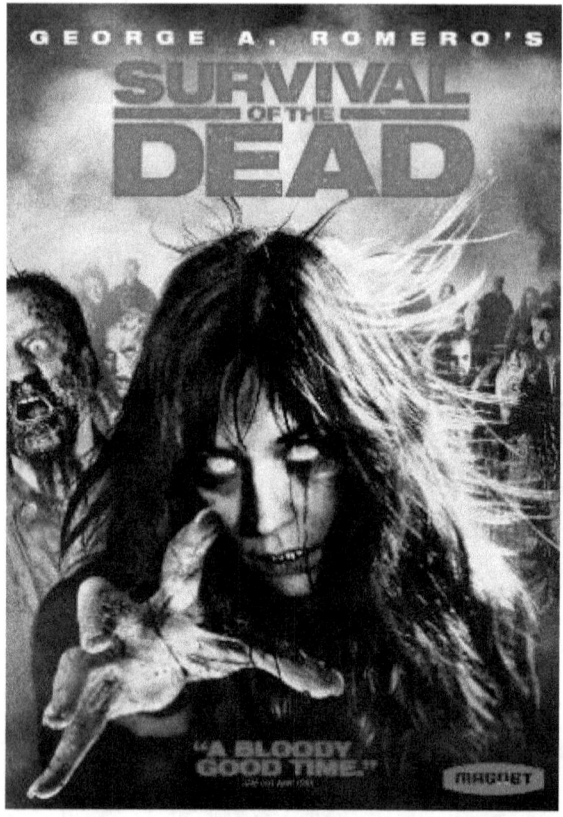

Dirección y Guion: George A. Romero

Intérpretes:
Alan Van Sprang
Kenneth Gales
Kathleen Munroe

La sexta entrega de la saga *La noche de los muertos vivientes,* dando protagonismo a la guardia nacional, apareció brevemente en las pantallas. Nada que destacar, críticas negativas y fracaso comercial en taquilla.

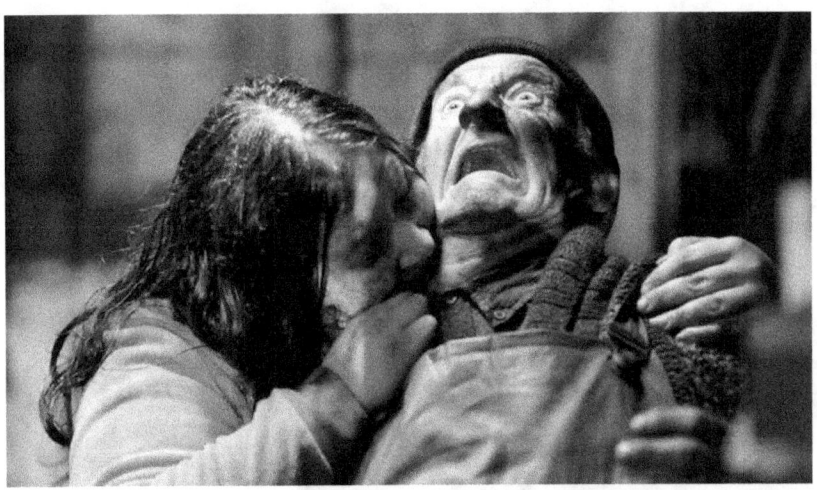

La película comienza donde *El diario de los muertos* terminó, en una pequeña isla frente a la costa de Delaware. Allí viven dos familias encerradas en una lucha por el poder y el control sobre el destino de los no-muertos. Unos quieren liquidarles, y otros creen que son almas en pena y deben ser puestos en cuarentena y mantenerlos "vivos" con la esperanza de que se descubra una solución.

APOCALIPSIS DE LOS MUERTOS
Zone of the Dead
2009

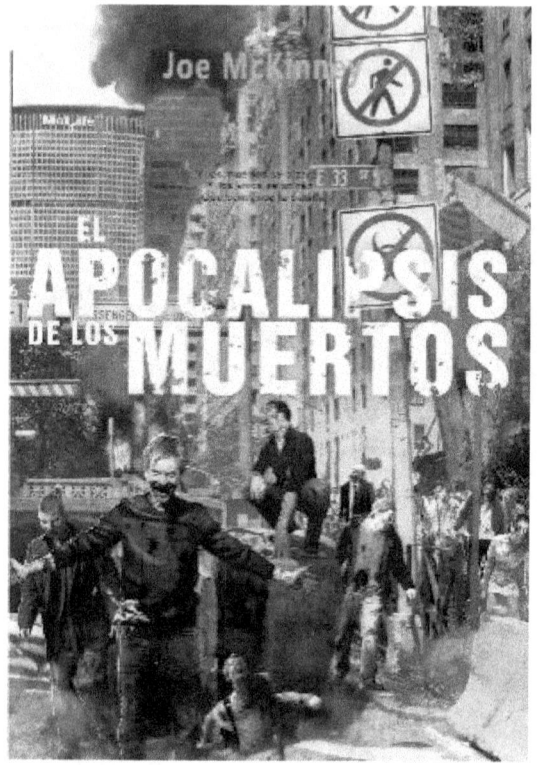

Dirección y guion: Milan Konjevíc

Intérpretes:
Emilo Roso
Ken Foree
Kristina Klebe

Esta película serbia (no confundir con soberbia), con chicas zombis desnudas y bien rasuradas, comienza con dos agentes de la Interpol que deben transportar a un prisionero a través de una zona infectada por zombis. Para sobrevivir, deciden unirse y matar zombis a trío.

Su destino es Belgrado y la ruta turística les lleva a través de Pancevo, donde, como es habitual, hay muchos zombis que quieren comérselos, en especial a la guapa protagonista. Ella, que es muy lista, se une a un preso más peligroso que los zombis, y entre beso y beso, y muchas carreras, salva la piel.

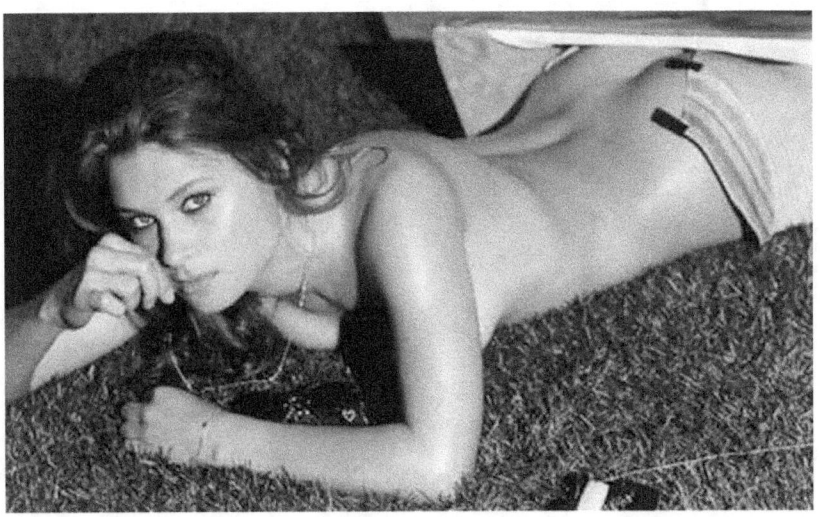

Kristina Klebe

LA NOCHE DE LOS MUERTOS VIVIENTES 3D
2010

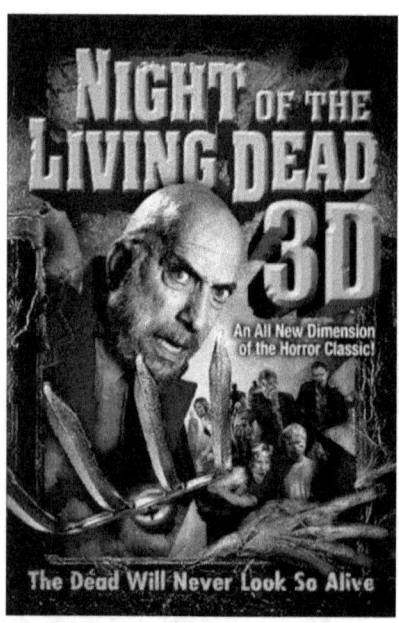

80 minutos

Dirección y Guion: Zebediah De Soto

Intérpretes:
Brianna Brown
Joshuan DesRoces
Johanna Black

La película trata de ser un homenaje moderno a la película de George Romero e incluso empieza del mismo modo, con dos hermanos discutiendo en el camino al cementerio para asistir a un

130

entierro. En este desolado lugar ocurren cosas extrañas, con personas que se comen unas a otras.

Tom y Judy son atacados mientras tienen relaciones sexuales en el granero, por lo que los gritos que oímos no sabemos ciertamente a qué se deben.

Después de escuchar los gritos de Judy, Barb y el resto intentan salvarla -a él no-, pero ya es demasiado tarde. Cuando Tovar llega, él explica lo que está sucediendo. Owen y Karen sucumben a la mordedura de un zombie y se convierten en muertos vivientes. Y como es en 3D, el espectador deberá estar igualmente precavido y mirar al lado, en su butaca.

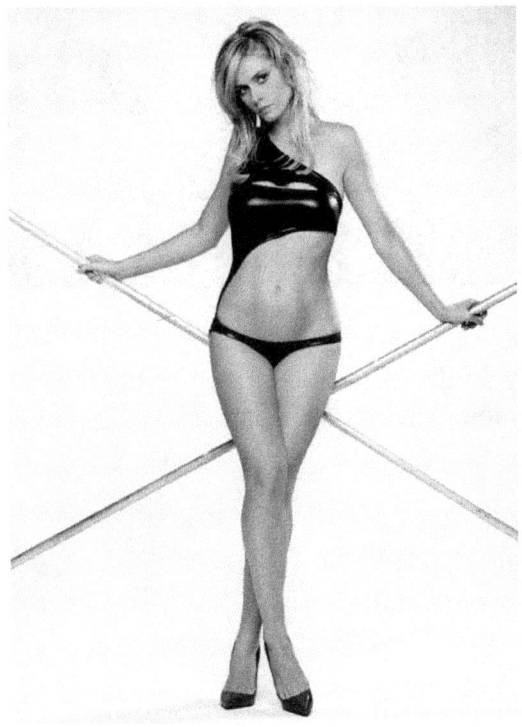

Brianna Brown

THE WALKING DEAD (TV)

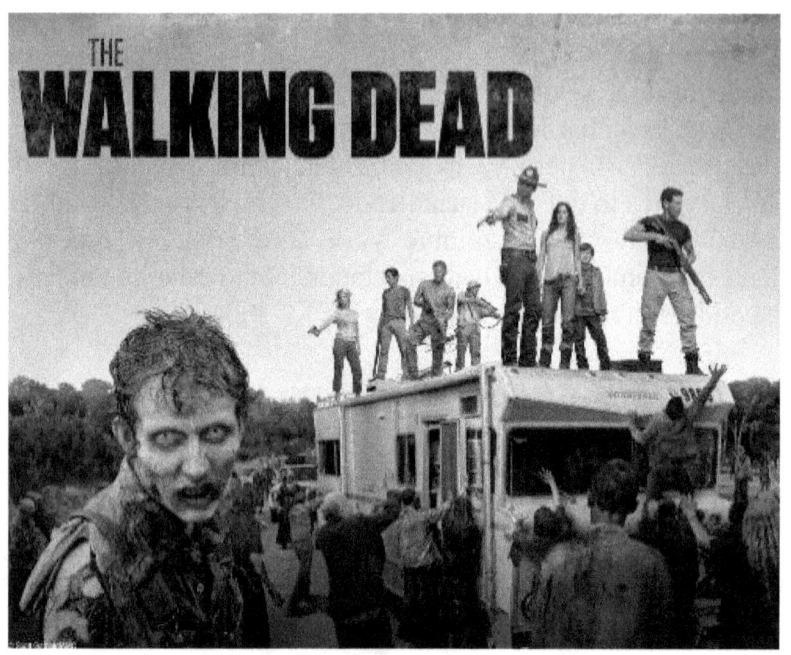

AMC Fox International Channels
Lanzamiento: 31 de octubre de 2010
Basada en el cómic del mismo nombre

Intérpretes
Andrew Lincoln (Rick)
Chandler Riggs (Carl)
Laurie Holden (Andrea)
Steven Yeun (Glenn)
Melissa McBride (Carol)
Lauren Cohan (Maggie)

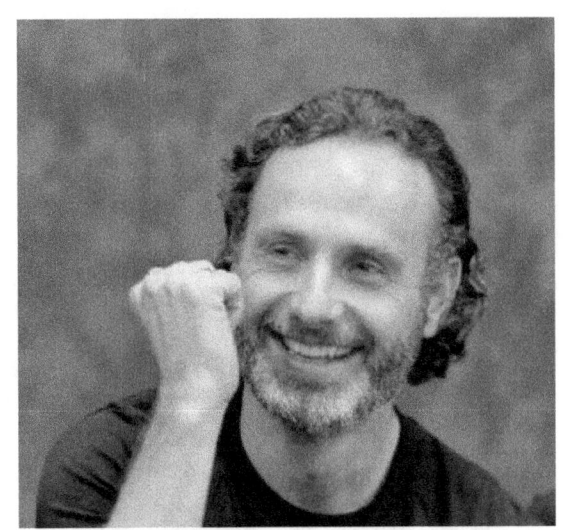

Andrew Lincoln

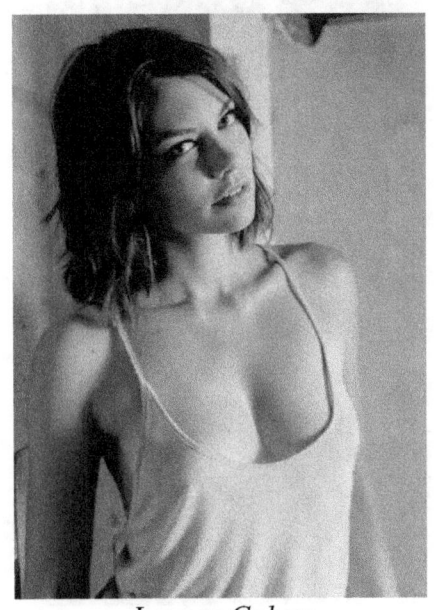

Lauren Cohan

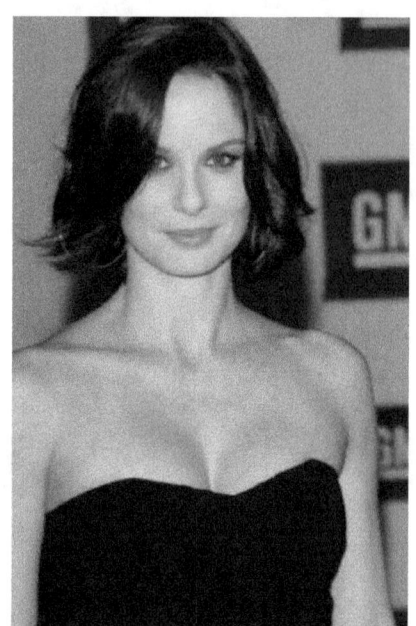

Sarah Wayne

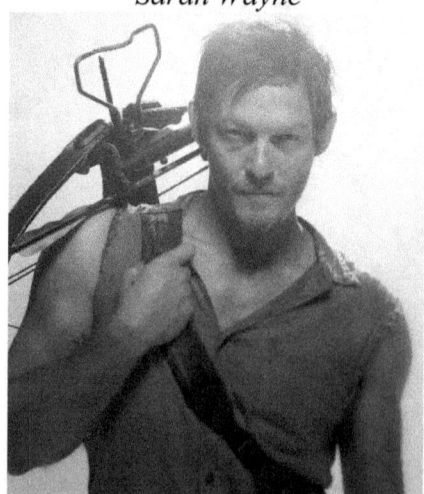

Norman Reedus

Rick es un ex sheriff que ha estado en coma durante varios meses después de recibir un disparo mientras estaba de servicio. Cuando se despierta, descubre que el mundo ha sido invadido por los zombis (caminantes), y que él parece ser la única persona con vida. Después de regresar a casa para descubrir que ahí no están ni su esposa e hijo, se dirige a Atlanta en busca de su familia. Pronto se tiene que enfrentar a los muertos vivientes –los caminantes-, aunque encuentra a otros supervivientes y con ellos lidera un grupo en un mundo invadido por zombis.

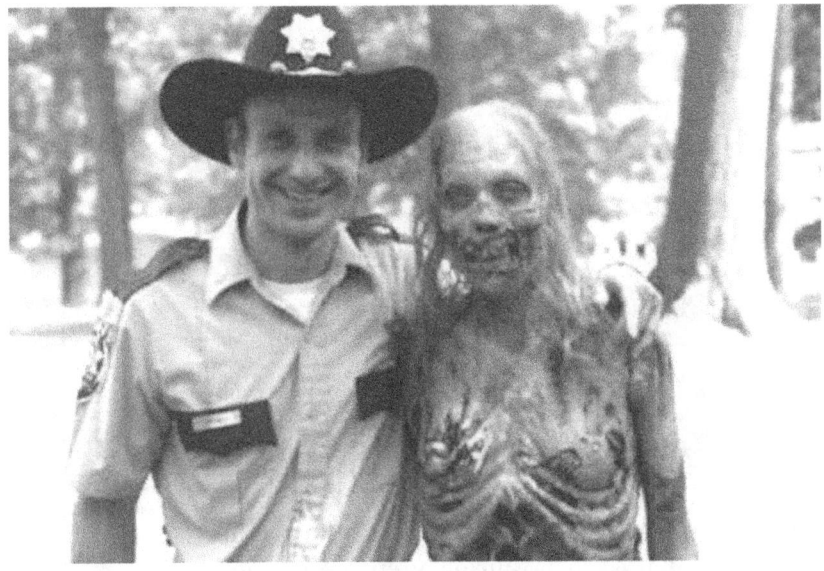

En marzo de 2014, Robert Kirkman indicó que la nueva serie no se basaría en el cómic original y que tendrá diferentes personajes y diferente ubicación.
Anteriormente el tema fue propuesto a otras productoras como la NBC y HBO, aunque se negaron a aceptar debido a que la historia

era extremadamente violenta y sangrienta. Algunos incluso, propusieron hacer la misma historia, pero sin zombis. Finalmente, AMC llevó el programa adelante y en marzo de 2010, se anunció que los 6 primeros episodios ya estaban filmados y el primer episodio salió en antena el 31 de octubre de 2010. El Productor ejecutivo Frank Darabont, dijo que la serie de televisión no estaba destinada a ser una miniserie. Posteriormente fue reemplazado por Glen Mazzara. Esta salida ha estado rodeada de polémica, probablemente debido a la reducción del presupuesto del programa a pesar del éxito comercial.

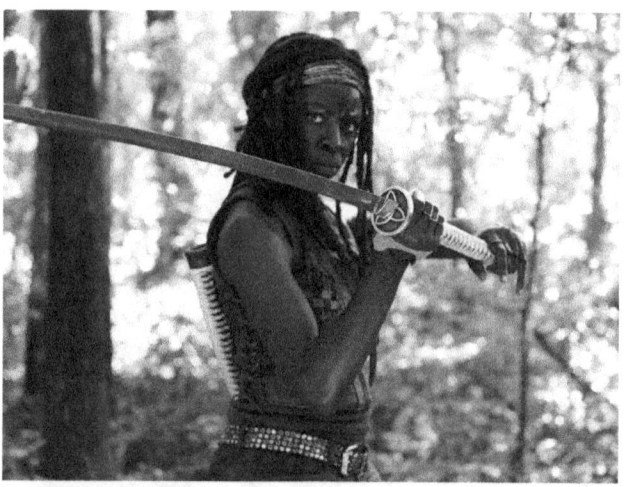

Indudablemente el éxito sorprendió a todo el mundo y aunque con grandes altibajos en la intriga y en los momentos de terror, el público ha permanecido fiel a la historia. La excesiva incidencia en la personalidad de algunos personajes, los comportamientos fuera de lógica en muchos de ellos y la aparición de malvados estereotipados, ocasiona cierto malestar. No obstante, el conjunto engancha aunque echamos de menos guiones bien elaborados.

Con frecuencia, vemos a los protagonistas moviéndose erráticos, como si el guionista no supiera como añadir nuevos alicientes.

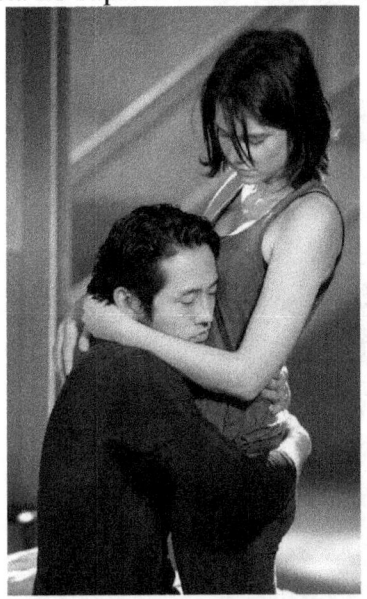

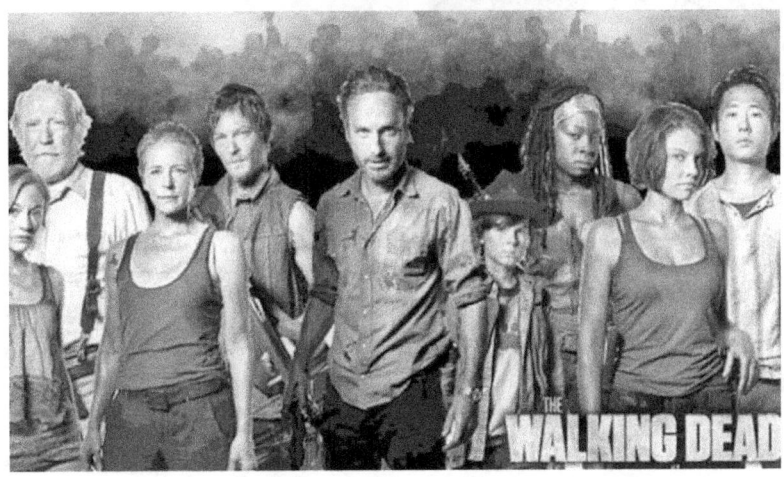

RESIDENT EVIL ULTRATUMBA
Resident Evil: Afterlife
(2010)

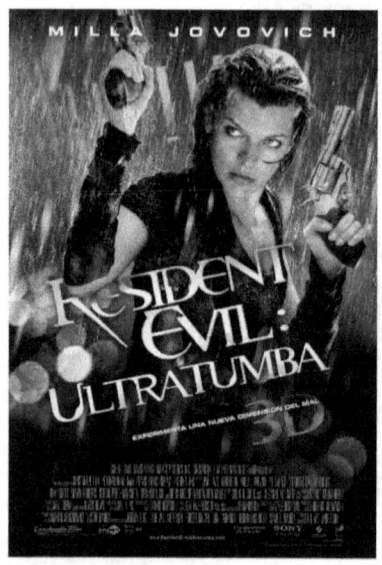

Dirección y guion:
Paul W.S. Anderson

Intérpretes:
Milla Jovovich
Ali Larter

Alice: [narrando] "Mi nombre es Alice. Trabajé para la Corporación Umbrella en un laboratorio confidencial para desarrollar un armamento viral experimental. Hubo un accidente y un virus escapó. Todos aparentemente fallecieron, pero no fue así. Los no-muertos desencadenaron un apocalipsis que barrería el mundo entero. Los hombres responsables de este desastre se

138

refugiaron en el subsuelo y continuaron experimentando con el virus mortal. Se sentían seguros en su fortaleza de alta tecnología, pero estaban equivocados".

Nuestra guapa e invencible Alice, que apenas se despeina en toda la película, recibe ayuda inesperada de un viejo amigo que le promete un refugio seguro –a cambio de lo que ustedes están pensando- para evitar que sean comidos por los zombis en su camino hasta Los Ángeles. Al llegar, ven con horror previsible que la ciudad se encuentra poblada de hordas de muertos vivientes, y que Alice y sus camaradas están a un paso de una trampa mortal.

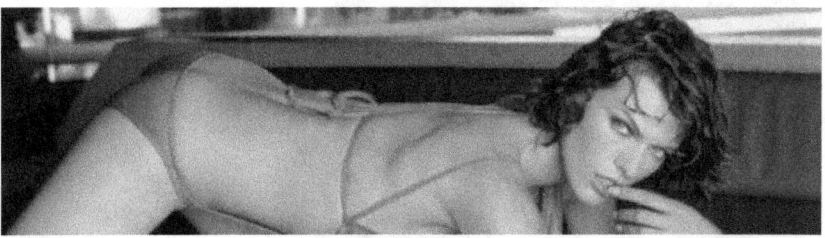

Milla Jovovich

Así de sombría comienza y se desarrolla esta cuarta entrega de la serie, ahora en 3D para que nos refugiemos detrás de nuestros asientos del cine. Con numerosos errores en el guion, la presencia de Milla Jovovich es suficiente para alegrarnos la película.

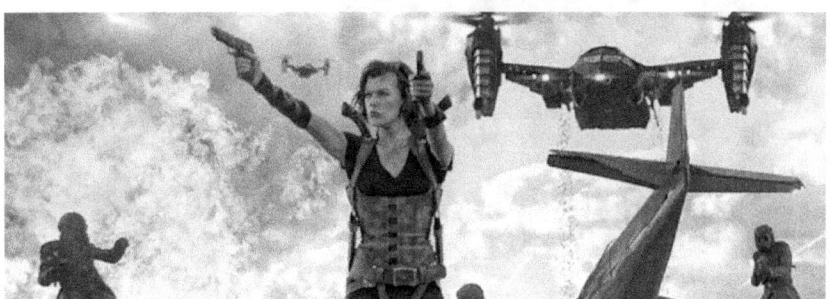

RAMMBOCK: Berlin undead (2010)

Director: Marvin Kren
Guion: Benjamin Hessler

Intérpretes:
Sebastián Aquiles
Ingrid Beerbaum
Carsten Berendt

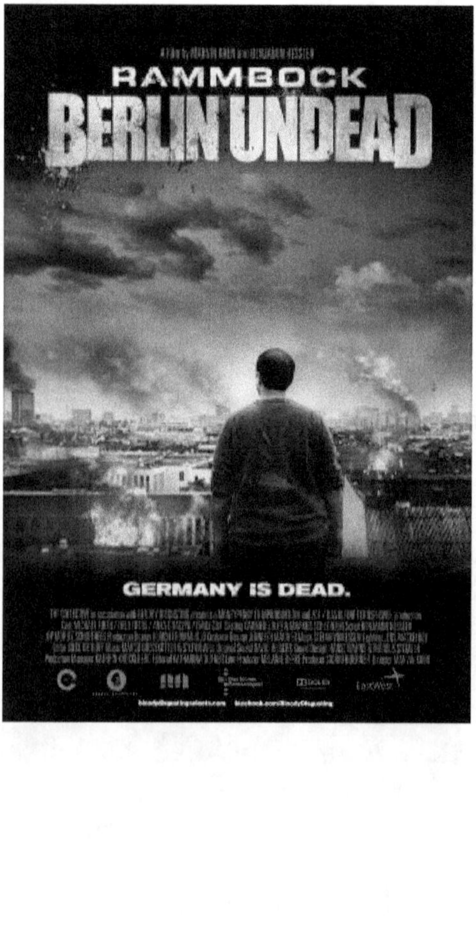

Esta película alemana es un mini-obra maestra del cine de terror que va directa debajo de la piel y te deja anonadado; bueno, esto es lo que nos dice un familiar del director.

Cuenta la historia de un joven que decide visitar a su ex novia en un intento de recuperarla, cuando se produce un brote de zombis. El asunto nos lleva a Berlín, con un terrible virus convirtiendo a la gente en maníacos homicidas sin sentido. Allí se encuentran también con Harper, un aprendiz de fontanero adolescente quien decide unirse al grupo de aventureros, y juntos logran atrincherarse, justo cuando furiosas hordas de personas infectadas pululan alrededor.

Así que en medio del terror, surge una historia de amor, con sangre, pero con pasión. Corta en extensión, pero larga en sustos.

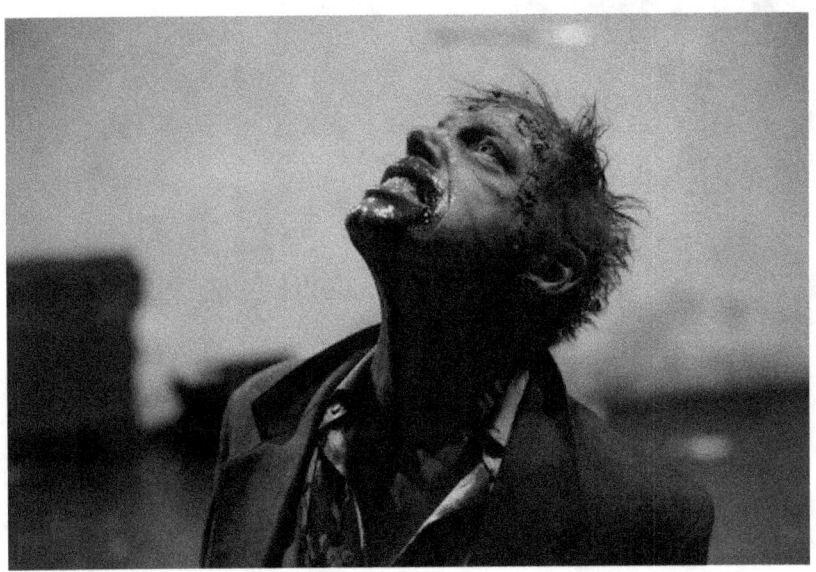

ABRAHAM LINCOLN VS ZOMBIS (2012)

96 minutos

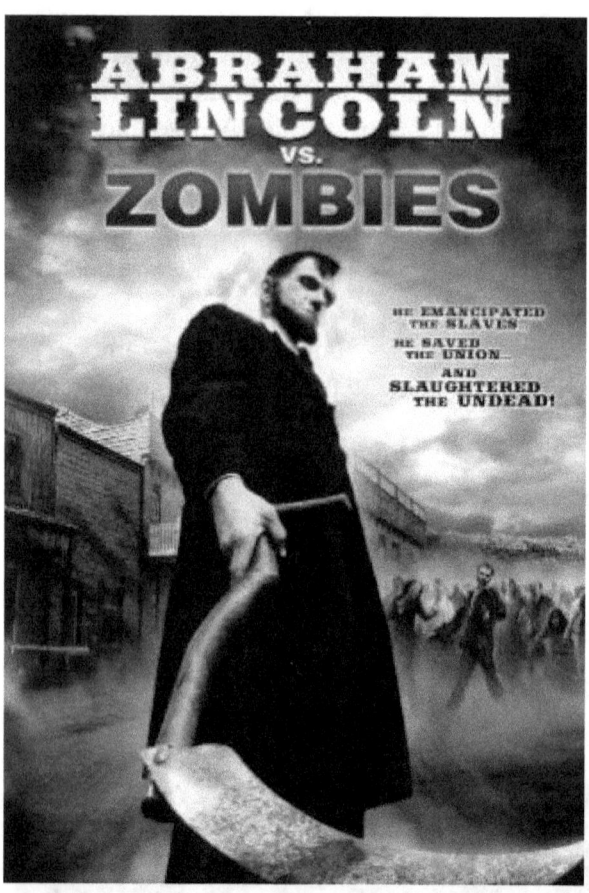

Director: Richard Schenkman
Guion: Richard Schenkman

Intérpretes:
Bill Oberst Jr.
Anthony Paderewski
Baby Norman

Cuando un adulto Abraham Lincoln se ha convertido en presidente de un país fracturado, es informado que un regimiento de 30 hombres había ido al Fuerte Pulaski y sólo uno de ellos regresó con vida. Al cuestionar la versión del sobreviviente, Lincoln descubre que el soldado tiene una enfermedad que parece traer cadáveres de vuelta a la vida. Por ello, dirige personalmente un equipo del recién creado servicio secreto para que lo acompañe en la investigación de la fortaleza.

RESIDENT EVIL: VENGANZA

Resident Evil: Retribution

(2012)

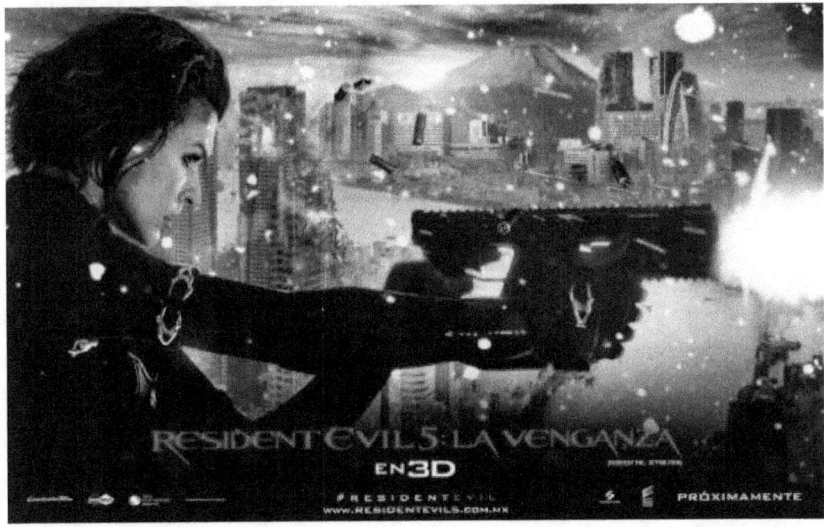

Dirección y guion:

Paul W. S. Anderson

Intérpretes:

Milla Jovovich

Sienna Guillory

Michelle Rodríguez

Debía reunir lo mejor de la saga *Resident Evil*, pero algo no funcionó y terminamos todos agotados, salvo los protagonistas. Los zombis dan paso a los ciborg incluso femeninos, muy guapas algunas y muy malos los otros, con peleas interminables, carreras, desmembramientos y más carreras, todo ello sin que nuestras guapas protagonistas terminen despeinadas. Cada vez que parecen morir, ahí está un hábil guionista sacándolas de nuevo a escena… y de nuevo las carreras.

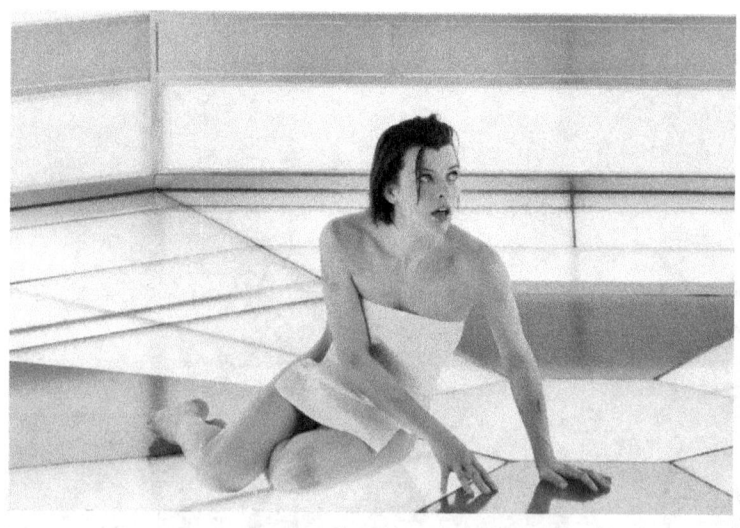

144

Nos regalan un inicio con Milla Jovovich desnuda, pero increíblemente tapada en las partes claves, y después embutida en cuero negro para poder pelear una y mil veces.
El filme fue estrenado en 2D, 3D e incluso en IMAX 3D, lo que sumado les proporcionó 240 millones de dólares en todo el mundo, pero un mal resultado de crítica.

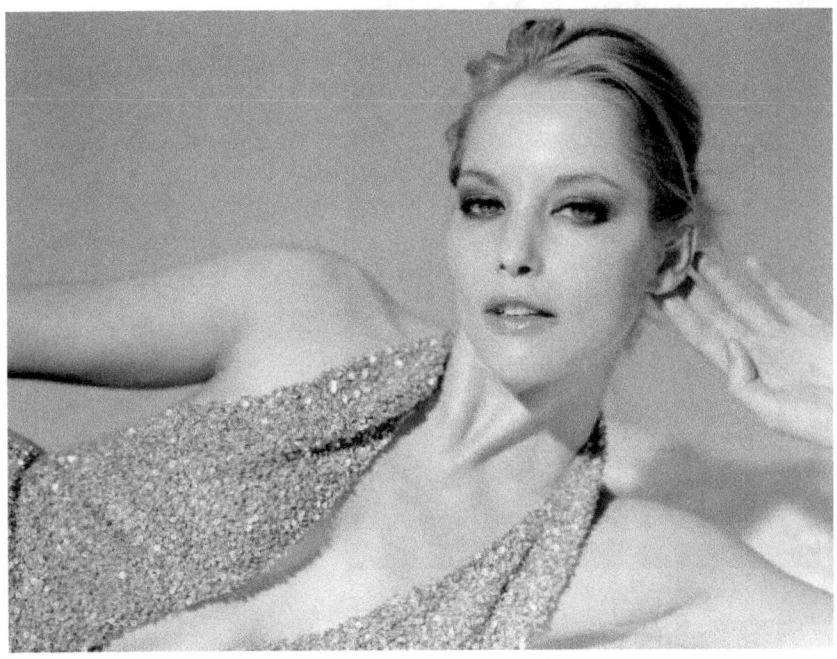

Sienna Guillory

LOS ÚLTIMOS DÍAS EN MARTE
The Last Days on Mars (2013)
98 minutos

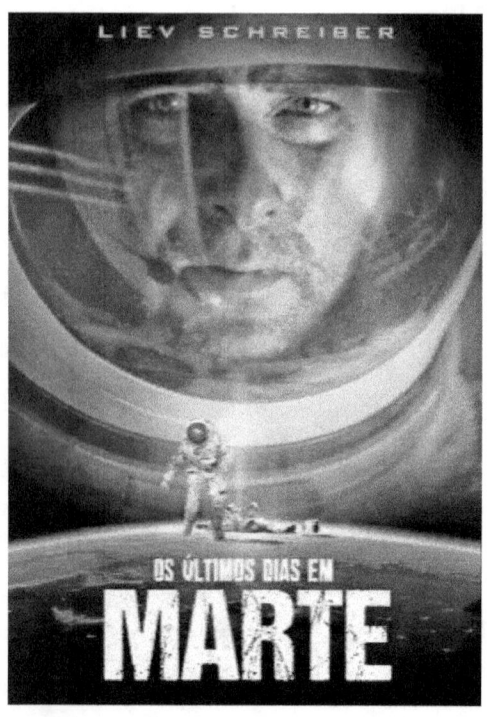

Director: Ruairí Robinson
Guion: Clive Dawson

Intérpretes:
Live Schreiber
Elias Koteas
Romola Garai

Basada en la historia "Los animadores", este filme se proyectó en el Festival de Cannes de 2013, y se estrenó el 6 de diciembre de 2013 en los Estados Unidos y el 11 de abril de 2014 en el Reino Unido.

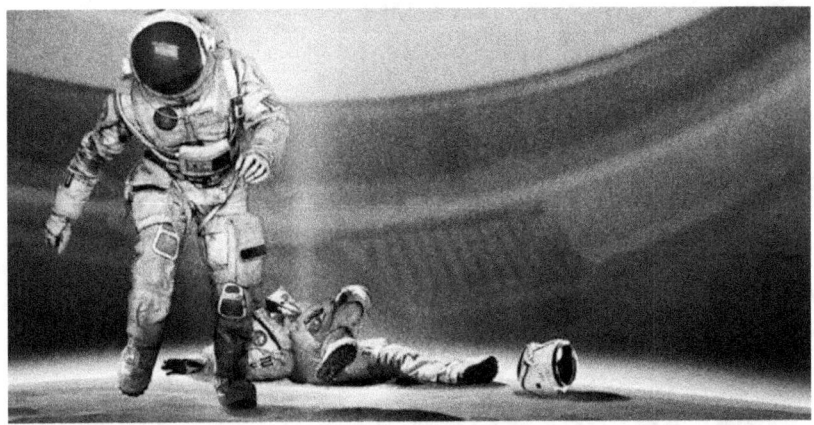

Un grupo de exploradores en el planeta Marte, sucumben uno por uno a una fuerza misteriosa y aterradora mientras que recogen muestras. Ellos están esperando que llegue la nave que les hará regresar, pero se topan con un descubrimiento que revela evidencias microscópicas de vida. En ese momento, la terrorífica forma de vida comienza a destruirles.

Aunque tenaz en la presentación de la intriga, la historia termina cansando. Una advertencia: realmente no se rodó en Marte, sino en el desierto de Jordania, y los interiores en Elstree Studios (situados en Inglaterra), gracias a la pericia de la empresa Screen Scene VFX. Bueno, supongo que ya sabían que no habían viajado a Marte realmente.

MEMORIAS DE UN ZOMBI ADOLESCENTE (2013)

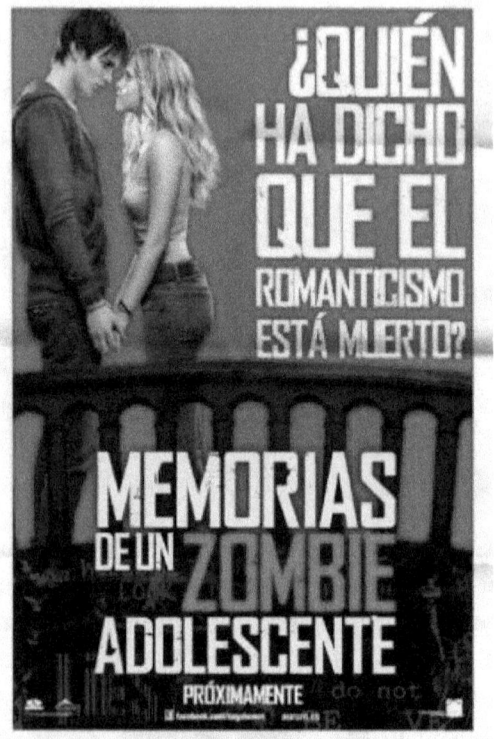

98 minutos

Director: Jonathan Levine

Intérpretes:
Nicholas Hoult
Teresa Palmer
John Malkovich

148

Un zombi muy inusual salva a una niña y entre los dos forman una relación que pone en marcha acontecimientos que podrían transformar todo el mundo.

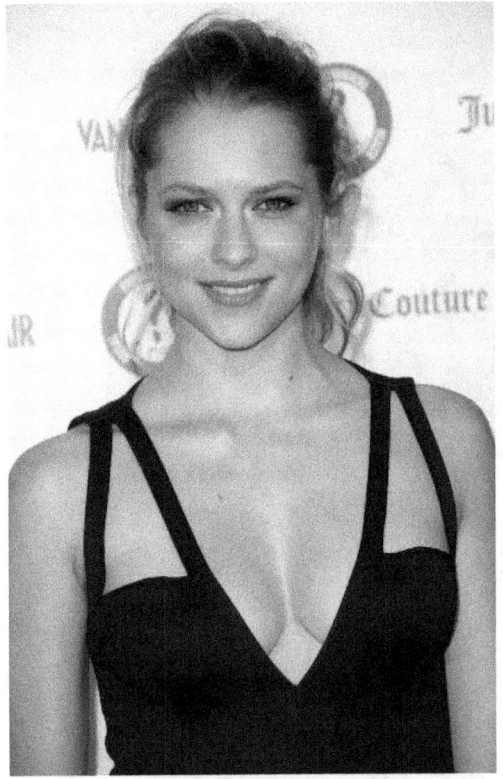

Teresa Palmer

Como no he podido verla, he aquí una crítica: "Una historia de amor postapocalíptico con buen ritmo y correctamente dirigida, un asombroso sentido del humor y agallas para ser desacomplejadamente romántica y descaradamente optimista".
A lo mejor es cierto. Ya me contarán.

LA BATALLA DE LOS MALDITOS (2013)

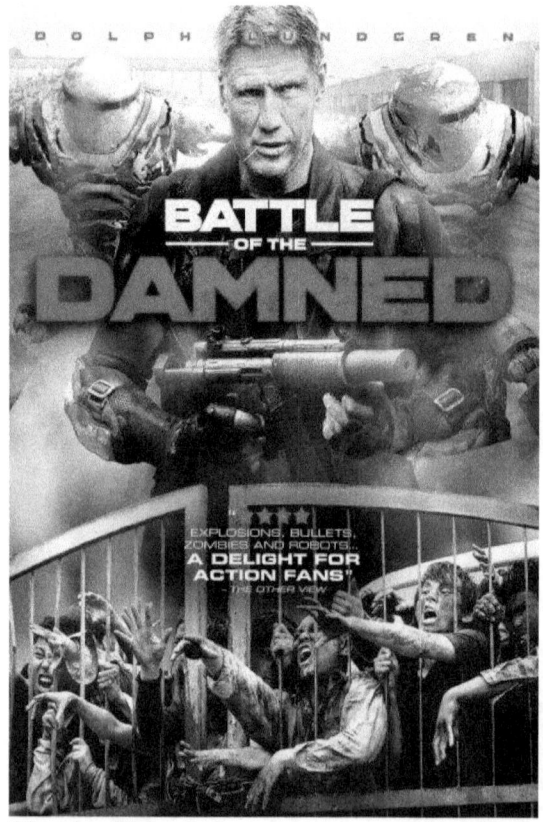

88 minutos

Director: Christopher Hatton

Intérpretes:
Dolph Lundgren
Melanie Zanetti

A causa de un brote viral mortífero, el soldado Max Gatling lleva a un puñado de sobrevivientes y una banda de robots a pelear y aniquilar a un ejército de los infectados.

Nos encontramos en el futuro, lejos de la civilización, en un planeta donde un puñado de supervivientes sobrevive con un pequeño arsenal de armas contra los infectados.

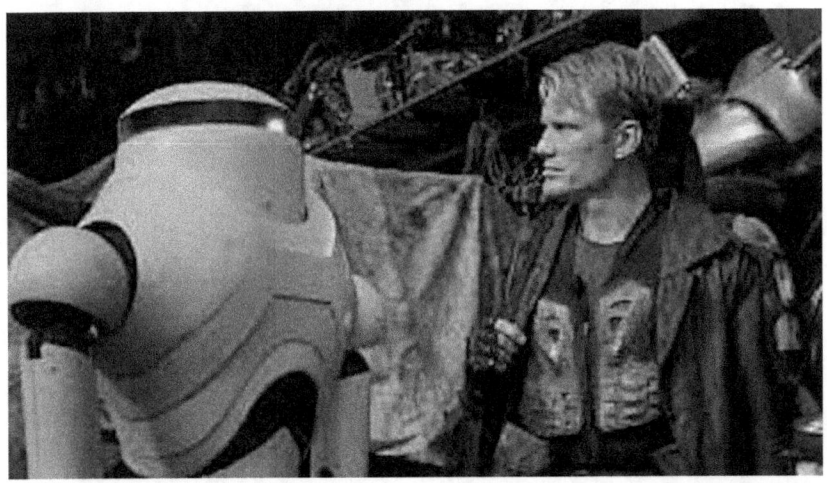

Encabezados por Max Gatling (Lundgren), nuestros héroes aprenderán a luchar contra los infectados con la esperanza de un rescate que venga desde el exterior. Lo que no se esperan es que aparezca otra amenaza aún mayor.

El fallo de seguridad también ha dejado escapar a un grupo de prototipos de robot en mal funcionamiento.

Armados e increíblemente peligrosos, los robots pueden ser un peligro mortal... o un inesperado aliado en su lucha contra los infectados.

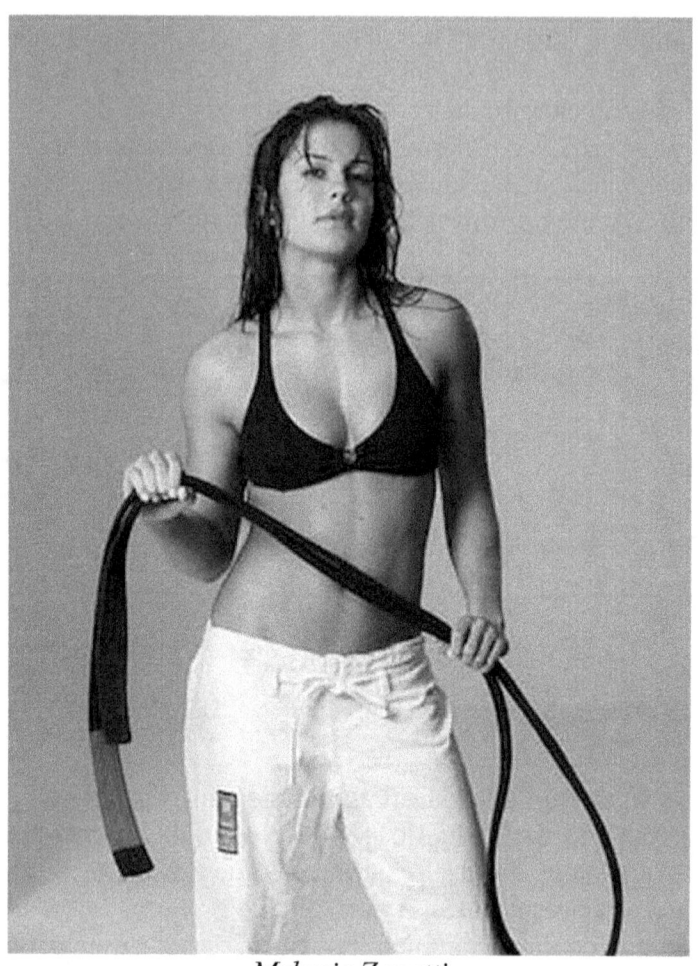

Melanie Zanetti

Nuestro popular rudo karateca debe pelear ahora contra robots y, aun así, salir ileso para que lo podamos seguir viendo en otras películas. La verdad es que le ayudó una guapa judoka, cinturón negro para más señas.

152

ZOMBI HUNTER
(2013)

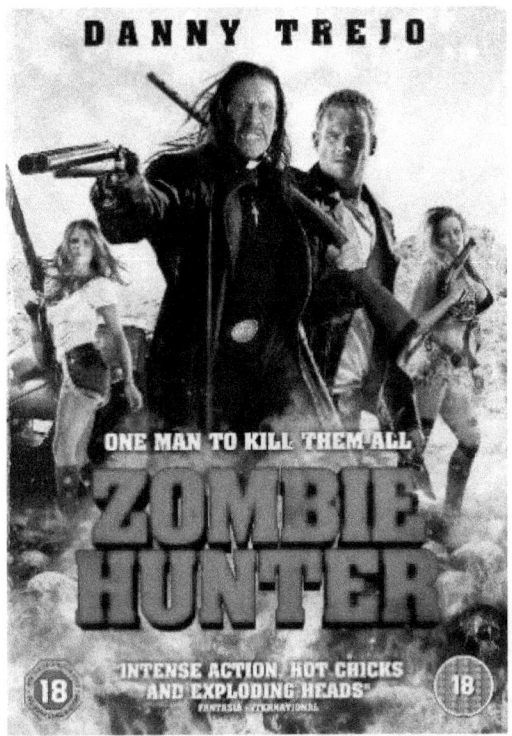

93 minutos

Director: King With

Intérpretes:
Danny Trejo
Martin Copping
Alexis Woods

El más malo entre los malos, el actor Danny Trejo, nos vuelve a encandilar con su expresión más maquiavélica, su fusil y su gran dosis de agresividad, esta vez para controlar la expansión de una droga que convierte a sus adictos en un ejército de zombis.

Sus armas consisten en un destartalado coche, el alcohol y un pequeño grupo de supervivientes. Bueno, y una guapa moza bien armada en todo.

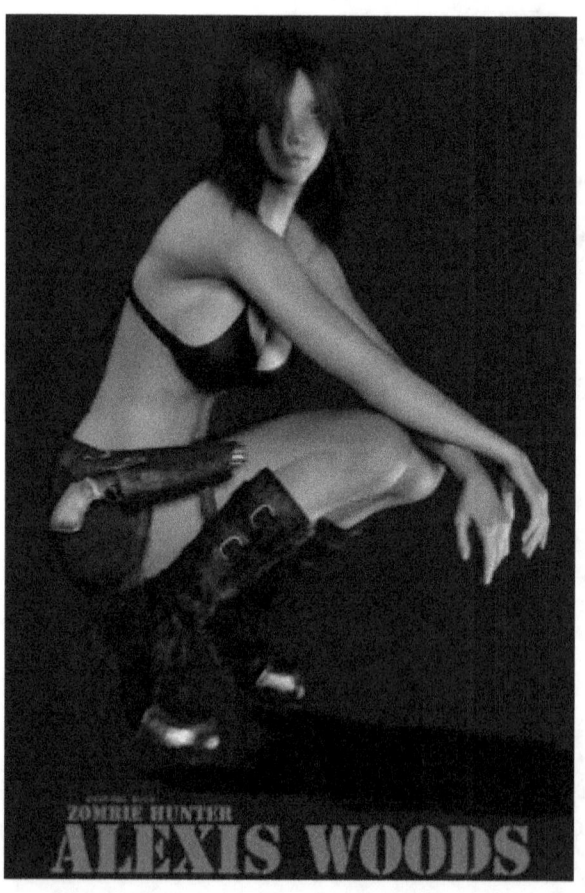

GUERRA MUNDIAL Z

World War Z

(2013)
116 min

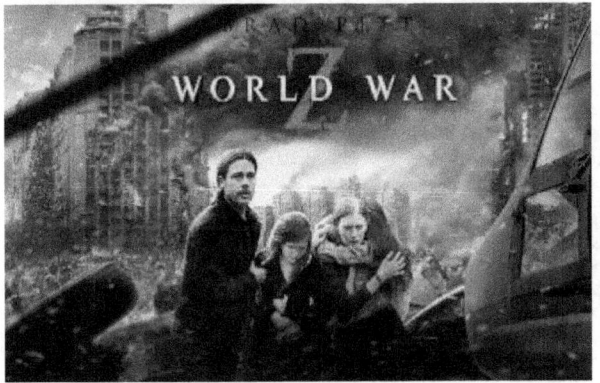

Director:

Marc Forster

Guion:

Matthew Michael Carnahan, Drew Goddard

Intérpretes:
Brad Pitt
Mireille Enos
Daniella Kertesz

Un empleado de las Naciones Unidas, Gerry Lane, atraviesa el mundo en una carrera contra el tiempo para detener la pandemia zombi que está derrocando ejércitos y gobiernos, y amenaza con destruir a la humanidad misma.

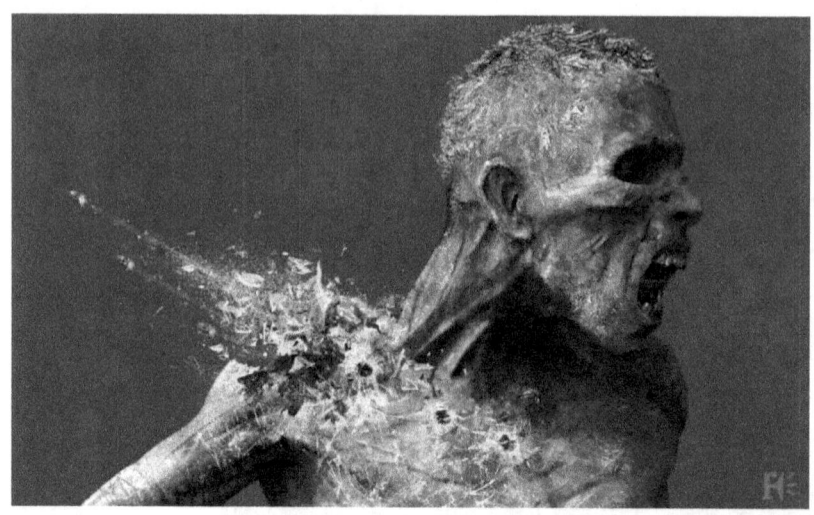

La película arranca violentamente desde los primeros minutos, creíble por la justificación, y llega un momento en el cual aceptamos que esos sucesos puedan ser reales. De especial interés es la invasión de Israel por los zombis, con carreras y tensiones en cada esquina.

En el documental de la secuencia de Jerusalén, podemos ver como los equipos de MPC crearon una multitud de zombies, aunque toda la escena está plenamente creada por ordenador. La previsualización creada por el equipo de Halon Enterprise, duró un año y cuatro meses rodando en la calle con la VCAM portátil, buscando situaciones reales del día a día para después aplicarlas a la película. Todo este material sirvió como apoyo a la captura de movimiento.

Dentro de la expresión que le caracteriza, Brad Pitt está discretamente adecuado en su interpretación.

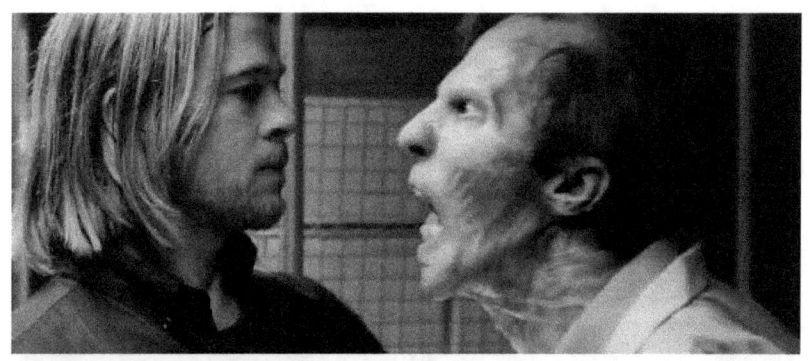

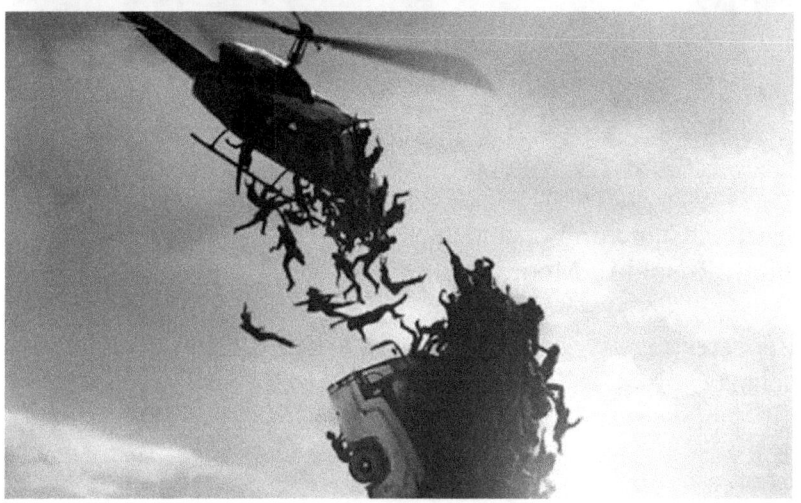

157

HELIX (TV)
2014

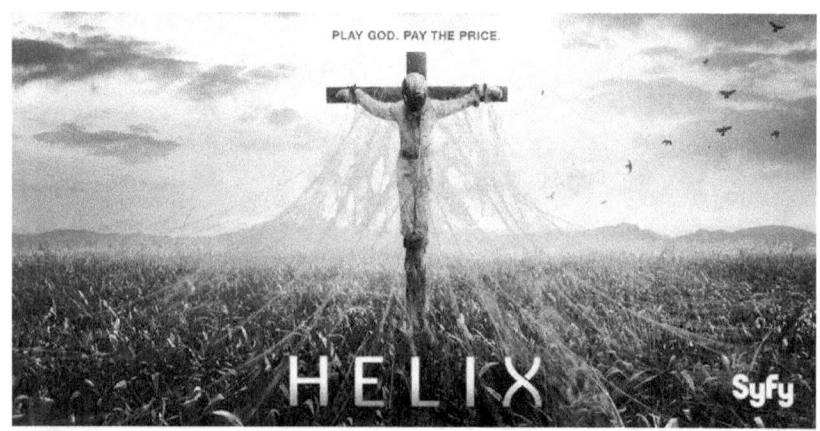

Director: Cameron Porsandeh
Guión: Ronald D. Moore

Intépretes:
Luciana Carro
Neil Napier
Jeri Ryan

Helix es una exitosa serie de televisión de ciencia ficción y terror, en la cual nos muestran a un grupo de científicos del Centro de Control de Enfermedades que se desplazan a una base de investigación de alta tecnología en el Ártico para investigar lo que parece un brote de una enfermedad. Los afectados, se comportan y tienen apariencia de zombis asesinos, rápidos y muy inteligentes.

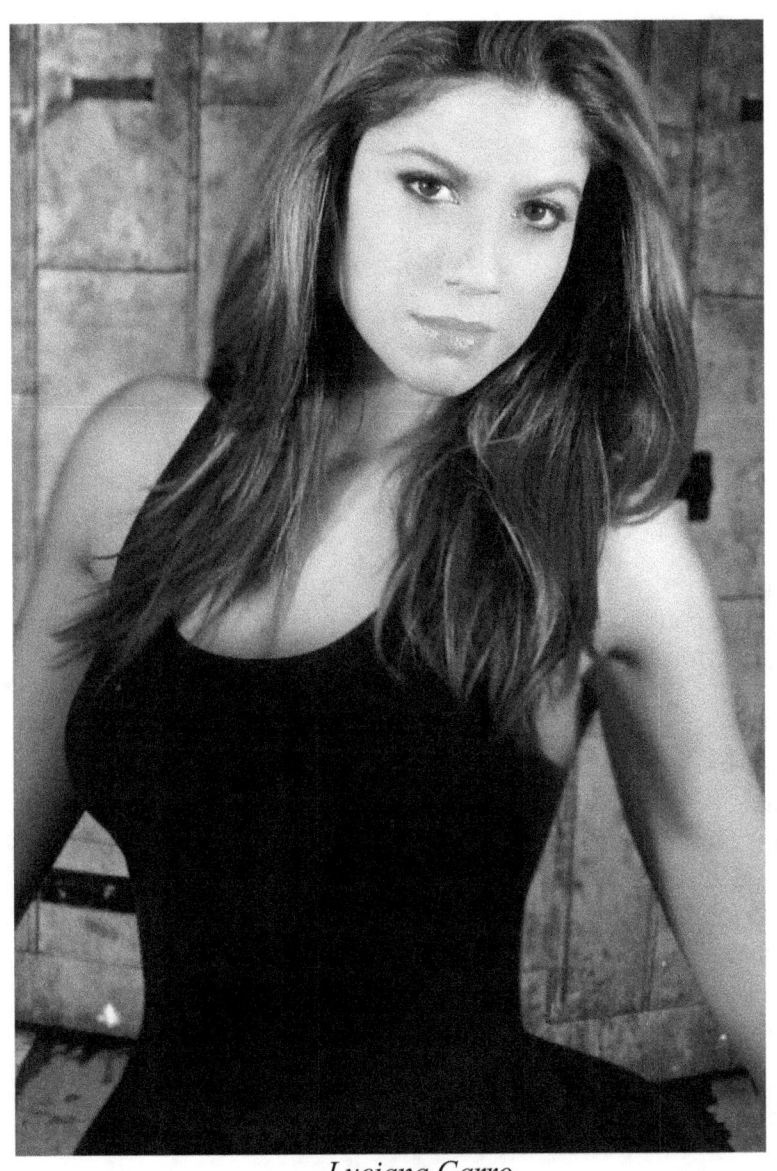

Luciana Carro

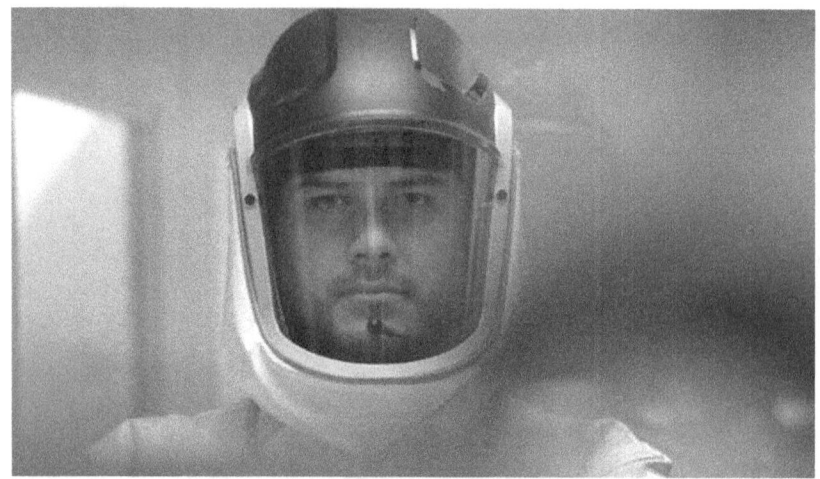

Neil Napier

Los protagonistas no pueden salir del lugar y deben defenderse de los seres contaminados y de ellos mismos, con frecuencia más sanguinarios que las bestias.

La serie ha tenido cierto éxito, aunque el argumento es simple, predecible y con frecuencia estúpido. Lo peor, sin embargo, son algunas pésimas interpretaciones, con miradas que pretenden ser expresivas pero realmente son frías, chicas guapas que parecen estar dentro de una peluquería en lugar de un laboratorio claustrofóbico, y malos que no dan miedo ni con la cara de Freddy Krueger. Si usted quiere hacer una encuesta sobre quién trabaja peor, lo tendrá difícil: todos son candidatos.
Lo mejor, los zombis, escasos pero rápidos y muy hambrientos, como siempre. Nadie les da de comer, así que se comen lo que pueden, si está fresco mejor. Bueno, las chicas muy guapas, sin un rictus de terror en sus ojos, pero no importa.

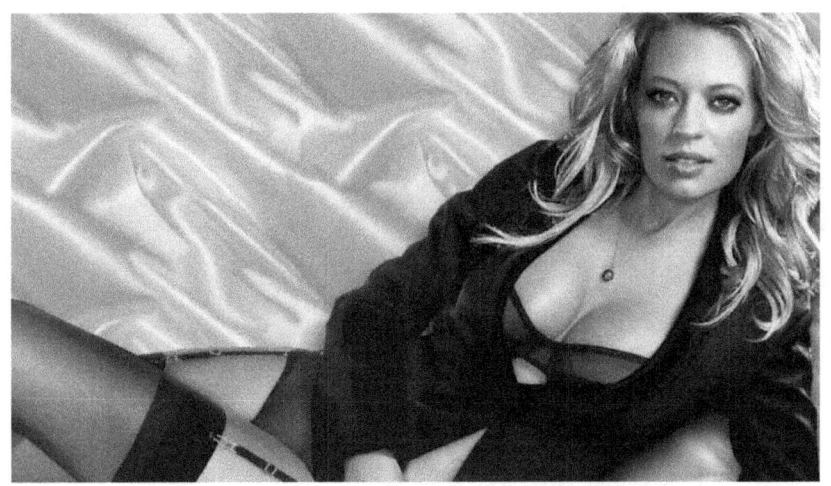

Jeri Ryan

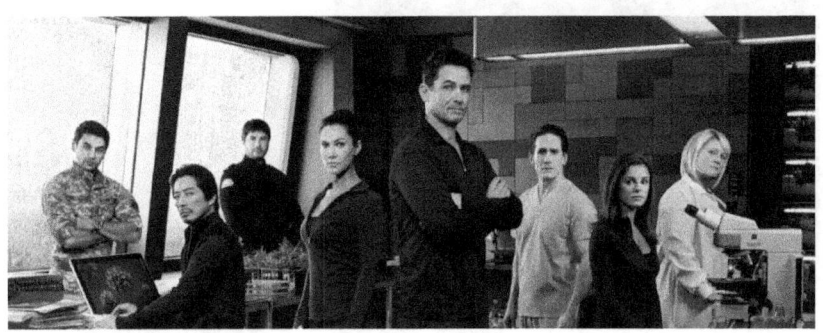

CELL
2015

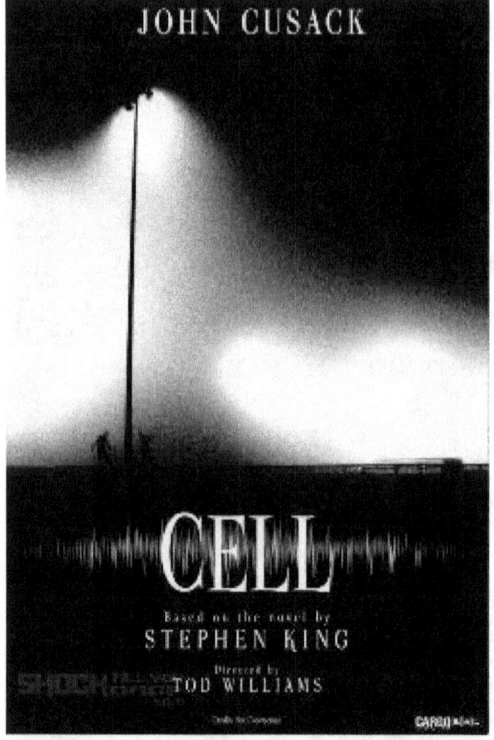

Director: Tod Williams

Guion: Stephen King

Intérpretes:
John Cusack
Samuel L. Jackson
Isabelle Fuhrman

162

La novela de Stephen King nos habla de un dibujante que trata de firmar un contrato que le permita mantener dignamente a su familia. Cuando los acontecimientos siguen su curso, algo súbito ocurre causado por un fenómeno denominado El Pulso, que se transmite a través de los teléfonos móviles. Los supervivientes sanos, deben pelear contra las personas afectadas.

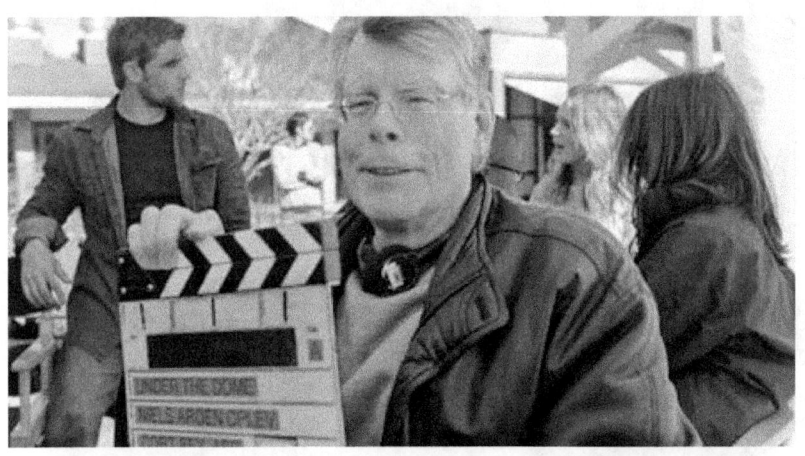

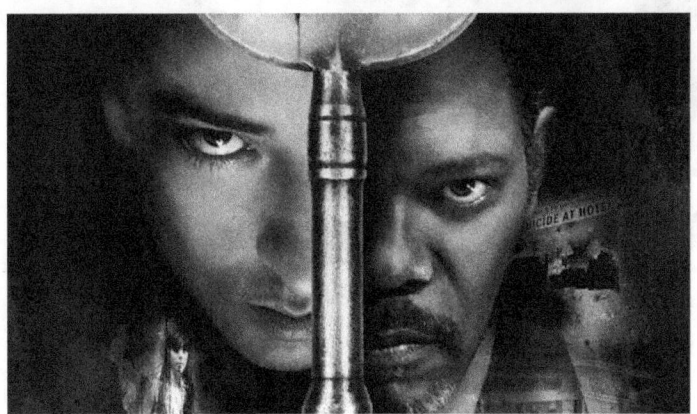

ORGULLO Y PREJUICIO ZOMBI
Pride and Prejudice and Zombis (2015)

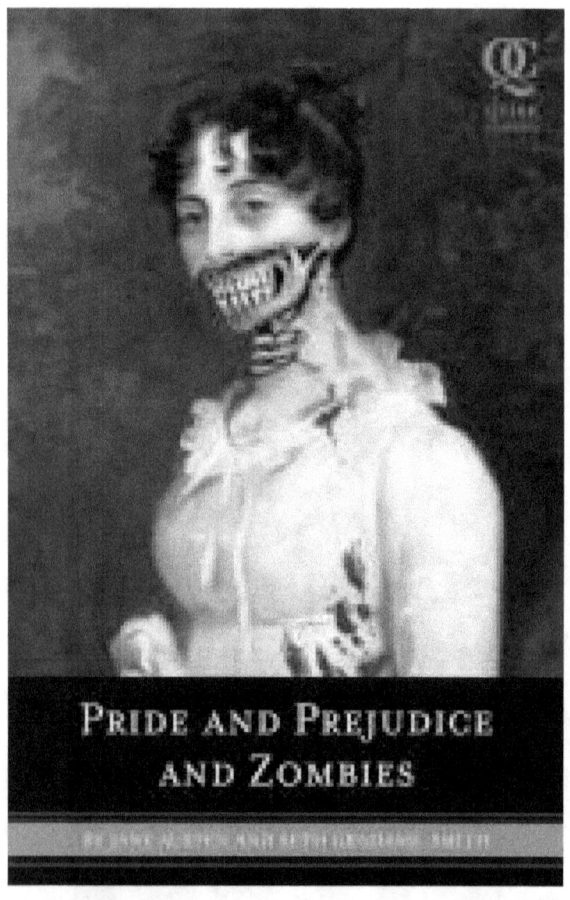

Director: Burr Steers

Guion: David O. Russell (Novelas: Jane Austen, Seth Grahame-Smith)

Intérpretes:
Lily James
Sam Reiley
Douglas Booth

Protagonizada por la ex-Cenicienta Lily James, se trata de una adaptación cinematográfica de la novela gráfica homónima de Seth Grahame-Smith, basada a su vez en el clásico literario de Jane Austen. Pero ahora no hay una historia de amor (algo, sí), sino una plaga de zombis que invaden la hasta entonces apacible población inglesa de Meryton.

Afortunadamente las chicas han sido entrenadas en artes marciales y además saben disparar, así que los ejércitos de no-muertos están controlados. Con este argumento, no nos extraña que Natalie Portman renunciara a protagonizarla.

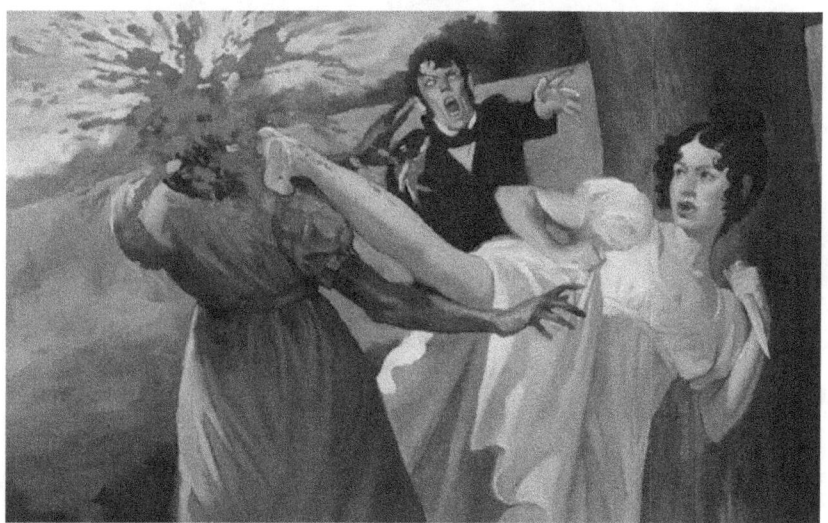

OTROS LIBROS DE INTERÉS

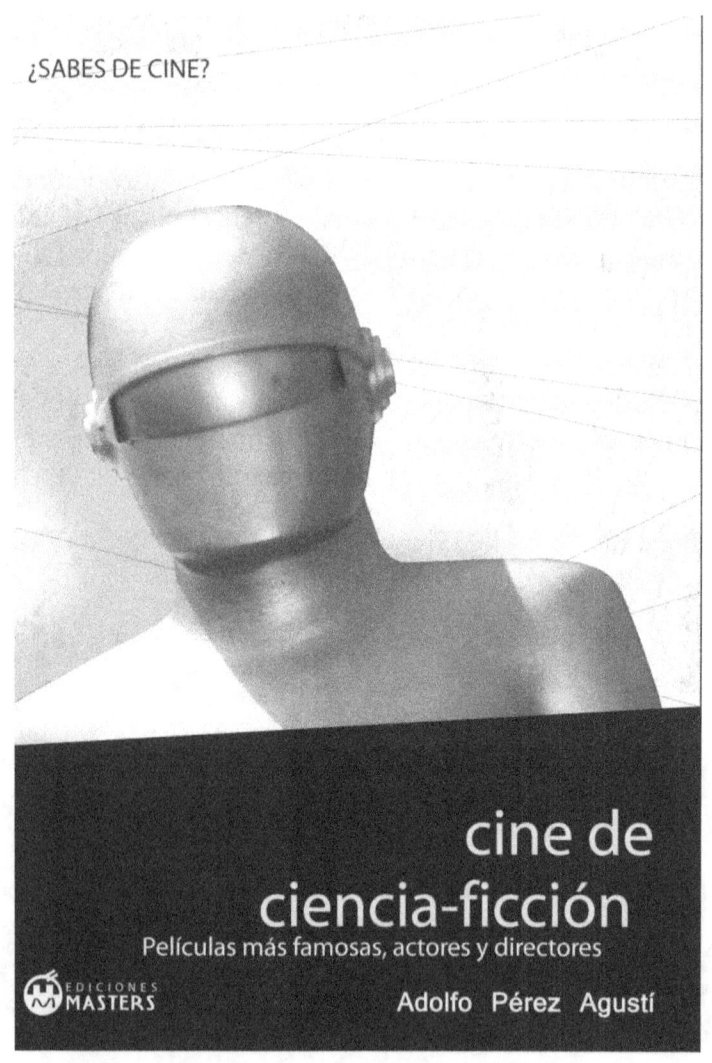

¿SABES DE CINE?

cine de ciencia-ficción
Películas más famosas, actores y directores

EDICIONES MASTERS

Adolfo   Pérez   Agustí

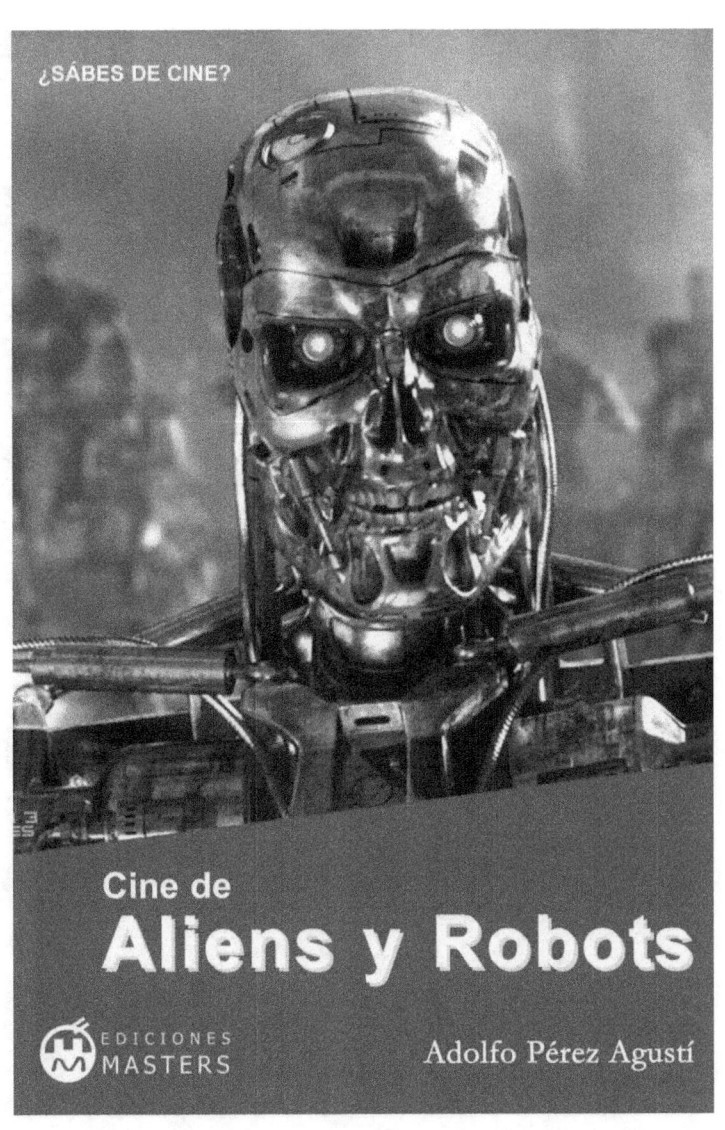

¿SÁBES DE CINE?

Cine de
Aliens y Robots

EDICIONES
MASTERS

Adolfo Pérez Agustí

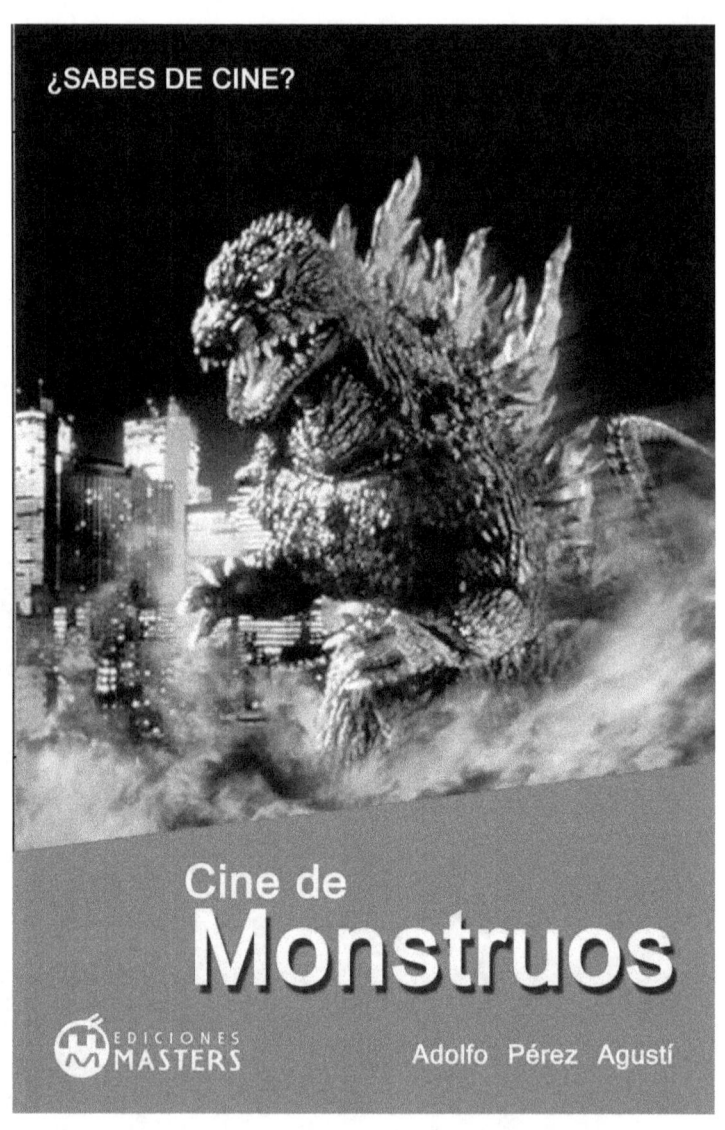

¿SABES DE CINE?

Cine de
Monstruos

EDICIONES
MASTERS

Adolfo Pérez Agustí

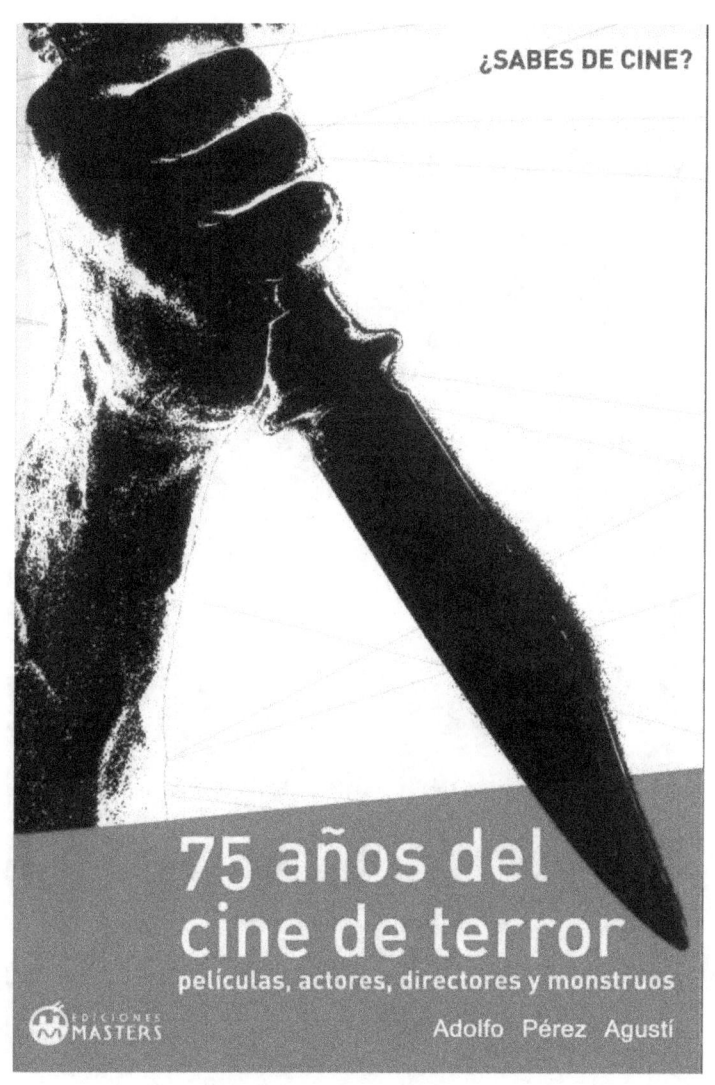

¿SABES DE CINE?

75 años del cine de terror
películas, actores, directores y monstruos

EDICIONES
MASTERS

Adolfo Pérez Agustí

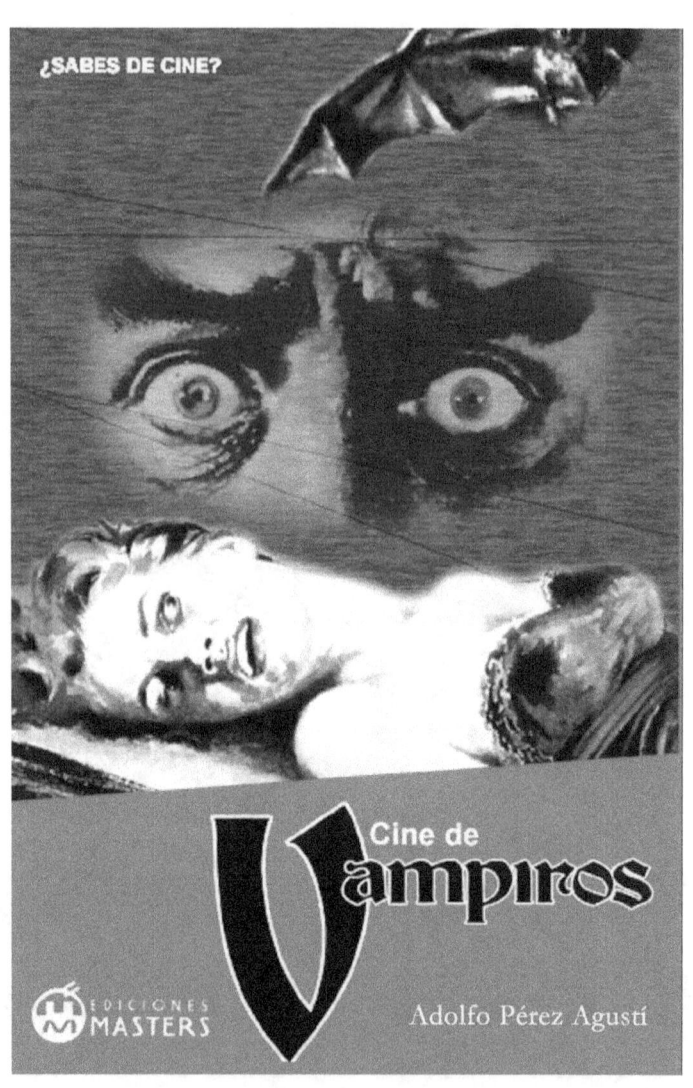

¿SABES DE CINE?

Cine de Vampiros

EDICIONES
MASTERS

Adolfo Pérez Agustí

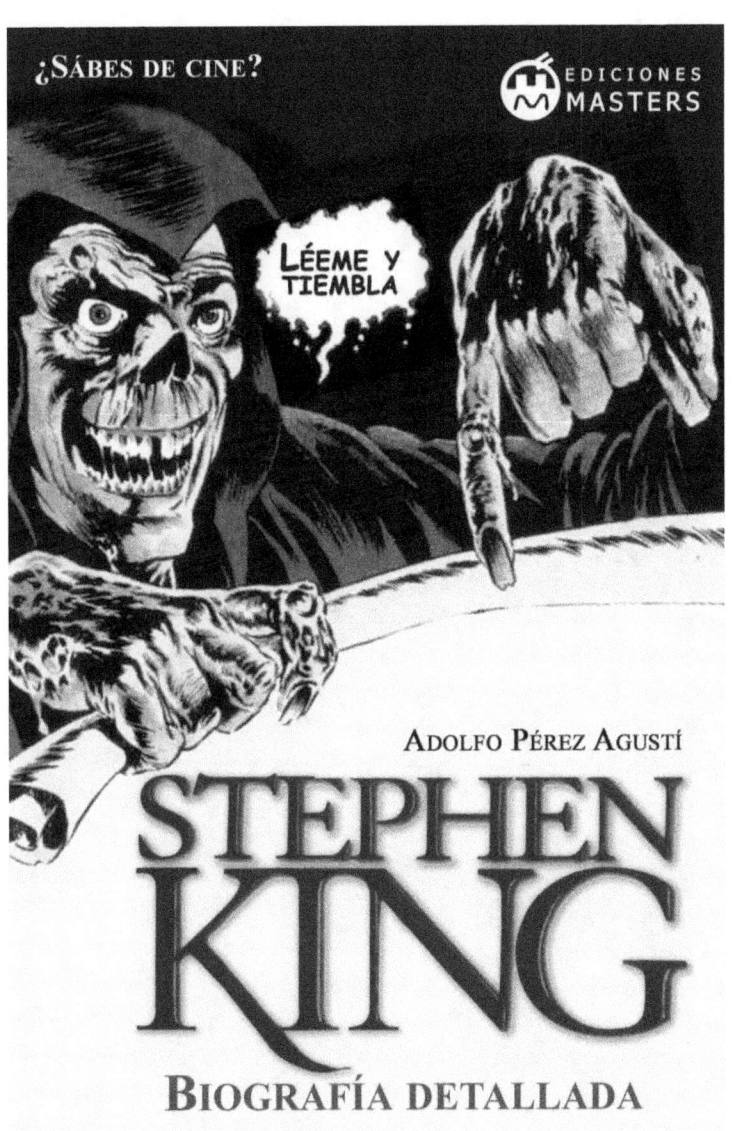

www.ingramcontent.com/pod-product-compliance
Lightning Source LLC
Chambersburg PA
CBHW051913170526
45168CB00001B/374